*Als je me maar blijft schrijven*

HERMAN FRANKE & MANON UPHOFF

# *Als je me maar blijft schrijven*

Uitgeverij Podium, Amsterdam

Omslagontwerp: Studio Ron van Roon
Beeld omslag: iStockphoto
Typografie: Sander Pinkse Boekproductie
Foto Herman Franke: Carla Schoo
Foto Manon Uphoff: Roeland Fossen

ISBN 978 90 5759 523 3

Verspreiding voor België: Elkedag Boeken, Antwerpen

www.uitgeverijpodium.nl

*Holle Bilt, 20 september 2009*

Lieve Herman,

Het is nu een paar dagen later, ik heb een klein beetje de gelegenheid gehad het bericht te laten 'indalen'. Wat zoveel betekent als: ergens in een ruimte in mijn denken bevindt zich de akelige wetenschap dat je ongeneeslijk ziek bent, voor die ruimte is een doek geschoven, niet heel dik, ik kan erdoorheen kijken, en dan weet ik het weer, en ik kan de doek dichttrekken en dan is dat een nogal donkere plek waar ik, dat weet ik, een aantal keren naartoe zal moeten, de komende tijd.

Ik ga zo meteen een wandeling maken met Bebek*, door het bos, we zijn in de Holle Bilt, 'de datsja', – gisteren hebben we een lam aan het spit gestoken voor vrienden van Bebek, nou ja, we, de verdeling was heel erg: de mannen deden het beest, de vrouwen gingen een rillerig rondje door het bos doen, maar ik heb 'm wel rondgedraaid aan het spit (de ogen waren eruit en dat scheelt enorm).

Na dat wandelingetje ga ik verder aan deze mail, deze brief, hoe je het noemen wil, ik heb er enorme behoefte aan je te schrijven, vind dat ook wel weer hypocriet van mezelf, want soms laat ik zo lang niets van me horen, dan

* Partner van Manon Uphoff.

ben ik aan het werk en ga ik met mensen om alsof er een eindeloze zee van tijd over is, straks, later. Die tijd heb ík dan niet (ik ben druk, ik heb werk te doen, ik schrijf enzovoort), maar als ik klaar ben, dan ligt daar die zee... Je weet dat, je kent dat al jaren van me.

Hoe dan ook, we hebben dat loopje door het bos gedaan, het is zondag dus het stikt er van de joggers, de honden-uitlaters, de gezinnen met kinderen, waar je ook kijkt, iedereen is bezig het bos 'functioneel' te benutten, krijg dan erge zin om heel demonstratief met een laptop een snoeiharde vecht-dvd te kijken, tussen de bomen. Ik hou van bos, maar wat je er aan natuurfascisten in aantreft is gekmakend, heb er een plaatje met een hitler-snorretje van mos voor bedacht. Zo vertelde Bebek dat al jaren de jacht op de vogelkers geopend is, dat is een bodembedekkende struik, doet het goed, maakt grond rijk, is lekker voor vogels met de besjes, maar die struik 'hoort' er niet, en moet dus weg. Daar gaan miljoenen in zitten, om dat dan weer helemaal te verwijderen. Toen we terugkwamen lag er een nieuwe dode spitsmuis die Mowgli had achtergelaten, tamelijk deerniswekkend, met zijn spitse neusje omhoog en de pootjes bijna gevouwen, alsof-ie aan het bidden was. Ik wil er van alles over vertellen, maar het is nu even net als met die aflevering van *Fawlty Towers* waarin Basil iedereen waarschuwt 'Don't mention the war' als het groepje Duitse gasten aan tafel zit, waarna 'the war' absoluut nog het enige is dat wordt ge-mentioned, dat ik denk, hè, moet ik nu al die dode beestjes noemen, maar het spitsmuisje ligt er, en in de koelkast rust een in aluminiumfolie gewikkelde lamsbout, en verder schrijf ik aan *Goede dokters en goede patiënten** en ben dus alleen maar bezig met ziekte en ziekteprocessen en lichaam, en natuurlijk, het is één grote bezweringsformule en je hebt gelijk en het is goed (en ook gemeen) dat je het hardop zei en nog weleens zeggen zal als ik het dreig te vergeten: 'Manon, jij gaat óók!'

Ik wil verder niet dat dit een treurig, larmoyant of akelig beschouwend stuk geleuter wordt, ik zei al, heb gewoon de behoefte om te praten, via mail, om te corresponderen, zolang je praat is er de mens, ik zag een geweldige documentaire, weet niet of je 'm hebt gezien, over een Engelse hersenchirurg die regelmatig afreist naar de Oekraïne, weergaloze documentaire over de vriendschap tussen de jongere Oekraïense chirurg, die met de schamele middelen die hem ter beschikking stonden niet alleen moest diagnosticeren, opereren, behandelen, maar ook zo'n beetje het hele ziekenhuis moest leiden, en de oudere Engelse chirurg, die in Engeland altijd de beste instrumenten en werkomstandigheden had, – en hun relatie met de patiënten, de tumoren die ze bestreden, ik heb nog nooit eerder die driehoek arts-patiënt-ziekte/aandoening in het landschap van de omstandigheden

* Werktitel van de uitgave *Het moet eten, ademhalen, slapen... Het menselijk lichaam volgens Manon Uphoff*, verschenen bij Uitgeverij Contact, 2009.

zo mooi, scherp, in beeld gebracht gezien, de vertrouwensband die ontstaat, de afstand die er is, het 'lekkere' van opereren. 'Als ik aan het opereren ben, ben ik niet bezig met humaan zijn,' zoiets zei de oudere arts, 'dan vind ik het gewoon geweldig, de herrie, het bloed, het boren...'

Tegelijk lieten ze zien hoe hij, gespannen en van top tot teen gevuld met adrenaline, de operatiekamer inging om een jonge man van zijn hersentumor af te helpen. Die angst had hij nodig, die enorme stress en spanning, want anders werd je zelfgenoegzaam, en daarmee levensgevaarlijk voor de patiënt. Die trouwens wakker bleef, bij kennis, zodat de chirurg kon zien wat hij deed, en alles wat er misging meteen kon registreren. Maar het ging niet om die operatie, het ging om de levensgrote dilemma's, om de inzet van die twee mannen, echte inzet, grote inzet, en het vertrouwen dat ze kregen van de gemeenschap, van al die mensen in de wachtkamer, en hun besef dat ondanks dat, ondanks al dat vertrouwen, en al hun inzet, en ook hun technische vaardigheden, zowel patiënt als zij voor een onmogelijke taak stonden.

Herman, ik sta nu voor de onmogelijke 'taak' om enerzijds tot me door te laten dringen dat je tijd drastisch wordt ingeperkt, anderzijds om dat weer een beetje te vergeten. Ik hoop dat je je goed voelt, niet te moe bent, dat je aan het werk kunt.

Wat trouwens ook erg, erg mooi was aan die documentaire, was hoe die twee chirurgen op een gegeven moment met een omgekieperd zakje met afgedankte instrumenten aan tafel zaten, en iets in elkaar schroefden, stukje rubber eromheen, beetje draaien, beetje slijpen, hier en daar wat lijmen en kijk, het kon weer mee, echt twee jongens aan een werkblad, rode oren, beetje bezweet, helemaal gelukkig dat het lukte met dat instrumentje.

Liefs, Manon

*Amsterdam, 30 september 2009*

Lieve Manon,

Bedankt voor je mooie brief. Dat is dan toch alweer een eerste winstpuntje van zo'n vuile ziekte met doodvonnis, dat ik mooie post van je krijg. Ja, die chirurgen kunnen wel wat, maar zodra er niet meer gesneden kan worden, lopen de successen hard terug. Toch heb ik nu behoorlijk baat bij die hormoonkuur, ik voel me stukken beter, nauwelijks meer pijn en gewoon vrijwel net zo energiek als altijd, dus ik stort me met de moed der wanhoop op het schrijven, ik zou me leeg willen schrijven voordat de tijd valt, maar ja, schrijf mij maar eens leeg in korte tijd... Ik heb Joost* voorbereid op een 'heel dik hallucinerend raar boek'. Dat is het tweede winstpuntje, dat bij het schrijven alle remmingen wegvallen, voort moet het, voort voort, schrijven en leven beginnen samen te vallen. Dit allemaal voor zo lang of zo kort als het duurt. Een vreemd gevolg, amper een winstpuntje, is dat ik bij het zien van fitte oude mannen steeds moet vloeken, en dat me opvalt hoe oud schurken van mannen worden, die Charles Manson is al zesenzeventig godverdegodver, en bij het zien van jonge mannen voel ik een grimmige jaloezie opkomen. Het is alsof ik in een schilderij van

* Joost Nijsen, uitgever van Podium.

Magritte ben beland of in een onmogelijk bouwwerk van Escher. Ik kijk naar mijn uiterlijk volkomen ongeschonden lichaam, voel me krachtig, en weet dat het gezichtsbedrog is. En ik geloof opeens ook niet meer in Darwin met zijn natuurlijke selectie, want dit is een heel onnatuurlijke selectie, als je het mij vraagt. Maar mij wordt niets gevraagd, ook zo irritant van die dood. Nou ja, lieve Manon, je medeleven doet me goed, dat wou ik maar zeggen.

Liefs,
Herman

*Tolsteeg, 14 oktober 2009*

Lieve Herman,

Wat heb je ons gisteren een prachtige, mooie, fijne avond bezorgd! Ik ben er helemaal gelukkig van wakker geworden (nu aan de koffie en al in voorbereiding voor de fotograaf die al om half elf komt), zingende vrienden, zingende Anne*, spelende jij en zingende Carla**, met haar fijne, brooszuivere stem die me deed denken aan een glasdraadje dat heel lang is uitgetrokken en waardoorheen iets levends stroomt, nou ja, echt fijn. Nu ben ik even sprakeloos, ik heb hier die hete koffie, binnen raast het al over de tv met de DSB, de pensioenen, met het faillissement van The Entertainment Group, dus ik ga nog even niet naar binnen, ik blijf nog heel even hier, aanstaande vrijdag vertrekt Bebek voor een weekje Dobrinj, ik blijf thuis.

Liefs, Manon

* Anne Chris Dekker, stiefdochter van Herman Franke, dochter van Carla Schoo.

** Carla Schoo, partner van Herman Franke.

*Amsterdam, 15 oktober 2009*

Lieve Manon (en Bebek),

En jij mij met je gulle aanwezigheid en Bebek met zijn warme meelevendheid (sommige mensen zeggen dat ze meeleven maar ik voel er dan niets bij, maar bij Bebek voelde ik het al voordat hij iets had gezegd), ja het was een bijzondere avond, het duurde tot half drie hier (een wodka als toetje), ik vreesde een pak slaag de volgende dag maar dat bleef uit, op die sluipmoordenaars is echt geen peil te trekken, maar ja, daar zijn het sluipmoordenaars voor... Ik kreeg zojuist de uitnodiging voor 29 oktober, prachtige kaft met die vlinders, en ik ben natuurlijk heel nieuwsgierig naar het boek, als het even kan komen we naar de presentatie, dat snap je wel. Als Bebek in Kroatië zit kun je je dus mooi rustig voorbereiden op de lancering van de nieuwe Uphoff.* Dat gaat vast goed. En ik ben blij dat Joost ons in 1995 bij elkaar gebracht heeft, dat wilde ik ook nog even zeggen.

Liefs van Herman

* Manon Uphoff, *De spelers,* De Bezige Bij, 2009.

*Amsterdam, 29 oktober 2009*

Lieve Manon,

Het is wat zo'n televisie en dan nog live ook met zo'n debunkende grappenmaker naast je.* Je deed wat je kon en dat deed je goed, maar ik denk dat je het inhoudelijk liever een andere kant op had zien gaan. Ze willen je leven met huid en haar, niet je boek, en daar is geen kruid tegen gewassen. Maar heel Nederland weet nu wel dat het boek er is en dat het gaat over iets dat ertoe doet. Dat gaan we vieren vanmiddag!

Liefs,
Herman

* Uitzending *Pauw & Witteman,* 28 oktober 2009.

*Holle Bilt, 30 oktober 2009*

Lieve Herman,

Ik ben heel blij dat jullie er waren en Bebek ook, Herman, fijn dat jullie getrouwd zijn, en Carla had het inderdaad verteld aan Bebek, ik vond al dat ze er zo lief en blozend uitzag, Herman, je mag gerust weten, vanwege dit boek zitten Bebek en ik nu in een heel emotionele woelige zee, als schrijver ben ik trots, als moeder en partner voel ik me een moordenaar, ik moet maar hopen dat het boek de moeite waard is, dat ik me niet heb vergist en alleen maar heb verwond.

Ik was in ieder geval erg blij dat Bebek gisteren mee is gekomen naar de presentatie, en dat het een warme, fijne presentatie was.

*Opzij* mailde net, mailinterview kan, mogen ze jouw e-mailadres? Met mij wordt het dan toch telefonisch afgenomen, daarna gaan we reageren op elkaars verhaal.

Herman, een fijn mooi weekend, wat betreft eetafspraak, zou 21 november geen goede datum zijn?

Liefs voor jou en Carla,
Manon

*Amsterdam, 6 november 2009*

Lieve Manon,

Gaat het weer een beetje daar? Ik krijg opeens ook geen schaakzetten meer van Bebek en nu begin ik me wat zorgen te maken. Zullen we vanmiddag of vanavond even bellen?

Veel liefs,
Herman

*Tolsteeg, 6 november 2009*

Lieve Herman,

Je krijgt vanavond weer schaakzetten van Bebek; beloofde hij me net telefonisch, maak je maar geen zorgen, het gaat moeizaam, dit is een zware tijd, in alle opzichten, ik vind het lief dat je je druk maakt over hoe het met ons is, ik denk dat we ons best doen, ik moet Bebek tijd gunnen om met mijn onlangs geplaatste zetten om te gaan, hij ervaart het als een enorme vertrouwensbreuk. Tot nu toe heeft dat boek weinig meer dan rampspoed gebracht.

Maar ik hoop dat dat met tijd, geduld, kalmte weer goed komt.

Hoe is het met jou ondertussen? Werken die pijnstillers eindelijk een beetje? Ik heb je toch hoop ik wel duidelijk genoeg geschreven hoe ontzettend blij ik was met je mail.

Lieve Herman, zorg goed voor jezelf, we bellen snel, ik probeer vanmiddag of vanavond, tenzij ik zo'n rotbespreking krijg dat ik weer even in een afvoerputje glijd, dan moet je me heel even tijd gunnen, ik besef dat in het licht van leven en dood mijn eigen emotionele turmoil niet meer is dan het angstig gewapper van een herfstblaadje, maar ja, ik hoop dat ik je snel een vrolijker, buitelender mail kan sturen, dat jij een langdurig, krachtig, rustig plateau nadert, dan gaan we binnenkort eten, drinken, bijpraten,

heel veel liefs, Manon

*Amsterdam, 13 november 2009*

Lieve Manon,

Ha, die VN ga ik gauw kopen. Nu kun je weer lekker vrij ademhalen, ik weet hoe lekker dat is. Intussen heb ik die kutvragen van *Opzij* beantwoord.* Ik heb zoiets nog nooit gedaan en ik wil beslist niet dat er tussen ons ook maar iets van wrevel zou ontstaan door mijn antwoorden, dus ik laat ze je eerst even lezen voordat ik ze zo meteen verstuur. Zeg gewoon ronduit als je iets niet prettig vindt, dan verander ik dat want jij bent me veel liever dan het hele *Opzij* met al die lezers erbij.

Met mij gaat het nog niet zoals ik het wil hebben. Die pijnstillers helpen, maar ik voel nog te veel dat ik ze nodig heb en dat moet, als die hormoonkuur goed doorzet, binnenkort toch veranderen. Maar voorlopig werk ik echt goed en pluk ik de dagen. En ik heb zin in de 21ste. Dit alles weer met liefs,

Herman

* Een ingekorte versie van dit interview verscheen in *Opzij*, januari 2010.

*Hoe oud ben je?*
61.

*Ik begreep van Manon dat je een relatie hebt. Ben je getrouwd, woon je samen of lat?*
Ik woon samen met de fotografe Carla Schoo.

*Kun je vertellen wanneer je Manon hebt ontmoet?*
Dat was nadat mijn vriendin in haar studio de foto had gemaakt voor achter op *Begeerte*, Manons eerste boek. Maar misschien maakt mijn geheugen nu van die foto's bewegende beelden en zag ik haar pas echt voor het eerst tijdens de presentatie van *Begeerte* bij uitgeverij Balans, waar kort daarvoor mijn tweede roman was uitgegeven.

*Hoe is de vriendschap ontstaan?*
Al pratend en lachend. Zij was een onrustige flapuit waarop ik met nuchter Gronings cynisme reageerde. Naarmate we elkaar beter leerden kennen, wisselden we steeds vaker van rol. Nu ben ik soms een flapuit die op strenge toon getemd wordt.

*Wat was je eerste indruk van haar?*
Een beetje timide vrouw vol grimmige vrolijkheid die toch opvallend goed uit haar woorden kon komen en met wie ik meteen een literaire verwantschap voelde. In de thema's en opbouw van haar verhalen en in haar stijl herkende ik onmiddellijk een schrijver met wie ik bij wijze van spreken

wel een Literaire Beweging zou willen beginnen, maar het was ook meteen duidelijk dat wij niet hielden van literaire bewegingen en we ons schrijverschap koesterden als iets unieks en persoonlijks. Dus bleven wij eenlingen die elkaar zeer waarderen.

*Welke rol speelt Manon in jouw leven?*
Zij werd een literaire spiegel, een onvoorwaardelijke fan van mijn werk en strenge meesteres tegelijk. Wij werden in de loop der jaren zulke goede kenners van elkaars werk dat we maar een paar zinnen nodig hebben om elkaar te vertellen waar we in een nieuw boek of verhaal naar streven. We kunnen gelukkig ook goed grappen maken over het vreemde geploeter dat schrijven is.

*Kun je kort iets noemen (liefst een voorbeeld) van iets waarover jullie hetzelfde denken?*
Wij vinden beiden dat literatuur stekels moet hebben, moet schuren en schrijnen, dat literatuur moet boren en niet gladstrijken, moet opentrekken en niet verdoezelen. Verder zijn wij van mening dat Wilders een ramp is voor het culturele klimaat en dat Nederland eindelijk eens een keer ronduit moet toegeven dat ons leger in Srebrenica jammerlijk heeft gefaald bij de bescherming van de inwoners die terecht op ons rekenden.

*Kun je kort iets noemen (liefst een voorbeeld) van iets waarover jullie van mening/visie verschillen?*
Wij staan nooit recht tegenover elkaar in mening of visie maar wij denken wel heel anders over hoe je naar buiten toe moet praten over autobiografische elementen in je verhalen en romans. Ik vind dat je daar heel omzichtig in moet zijn, want anders tast je de eigen werkelijkheid van fictie aan, maar Manon is daar veel gemakkelijker in.

*Welke rol spelen dingen als fysieke chemie, aantrekkingskracht, verliefdheid etc. binnen deze platonische relatie?*
Kijk, Manon is een mooie en aantrekkelijke vrouw, en onze boeken ademen een gezonde hang naar seks uit, maar wij hebben het elkaar op dit terrein nooit moeilijk gemaakt. Misschien dat ik daar op mijn sterfbed nog eens spijt van krijg, maar nu vind ik het juist iets wat ons bindt.

*Wat is het meest waardevolle voor jou aan deze vriendschap?*
Het onvoorwaardelijke karakter ervan en de literaire bodem eronder. Soms laten we een hele tijd niets van elkaar horen maar dan is het toch goed. Dan weten we van elkaar dat we goed aan het werk zijn. En als we elkaar wel zien, wordt er druk gepraat en goed geluisterd, met bal na in de vorm van evaluerende e-mails. We kunnen sowieso heel lekker e-mailen.

*Holle Bilt, 14 december 2009*

Lieve Herman,

Nu zijn we dus weer ongerust. Bebek krijgt geen zetten meer, ik lees geen mailtjes... hoe gaat het met je Herman? Ik hoop goed – maar ik vrees. Ben net terug, of liever gezegd, we zijn net terug uit Parijs en uit Londen, dat klinkt belachelijk, het kwam zo uit, in Londen heb ik een lezing mogen geven, erg leuk, geïnteresseerde mensen, in een dickensiaanse omgeving in The Dutch Church in old-town Londen, en ik had er veel, veel langer willen blijven, heb nog veel aan *De verbeelding* gedacht, ook al heb ik het beeld van Nelson niet gezien – Bebek wel, tijdens de lezingavond is hij in zijn eentje op pad gegaan, het beeld was reusachtig, zei hij. Ik vond Londen geweldig, het Tate Modern, de uit rode baksteen opgetrokken gebouwen, de sfeer van de Industriële Revolutie die er is blijven hangen, het water, de koele, mistige lucht, het staal, het ijzer, de gekke Engelsen, de waanzinnige metro, doodjammer dat ik er maar kort heb kunnen blijven, terug in Nederland lezing bij Perdu, over vertalingen, ook mooi om mee te maken, hoe Sam Garrett het eerste hoofdstuk van *De spelers* in het Engels voorlas, was prima avond, en daarna door naar Parijs, want dat uitstapje hadden we gepland, voeten tot hovercrafts gelopen in het Louvre, prachtige schilderij van de dood van Maria van Caravaggio gezien (eerste keer, jaren geleden, gemist), genoten van de paar werken van Velasquez (die arme Habsburgse lip die op veel van zijn portretten figureert!), mis bijgewoond in de Notre Dame, genietend van orgelmuziek, en met Bach en oude Joego-rock in de auto terug naar Nederland. Was even precies wat nodig was, samen en weg.

Maar Londen heeft gewonnen van Parijs.

En nu terug en geen schaakzetten en geen berichtje bezorgd.

Laat me weten hoe het met je gaat, of je een beetje kan werken, of het lichaam je niet te veel klachten bezorgt, of er iets is dat we zouden kunnen doen, kan en wil je nog op pad, of heb je juist liever geen gedoe en wil je gewoon thuis aan het werk kunnen en rusten?

Veel liefs, Manon

*Amsterdam, 14 december 2009*

Ach lieve Manon, jullie voorgevoel klopt, het gaat niet goed met me, zwakker, slapper, slecht ter been en meer pijn, ik zit nu aan een vaste morfinedosis (die gewone pijnstillers werkten niet meer voldoende), lekker spul, daar niet van, maar het is weer een stapje verder op een weg die ik niet wil. De afgelopen dagen schijn ik ook nog een of andere infectie opgelopen te hebben met koorts waar ik erg zwak van werd. Ik heb nu een antibioticumkuurtje, ik word gek van al die pillen, maar hopelijk stellen die me vandaag of morgen wel weer in staat om te werken wat me nu echt niet lukt... en dus ook geen schaakzet (die zal ik toch morgen proberen te sturen)... mooi dat Nelson nog waakt over Londen, maar mij heeft hij mooi in de steek gelaten, ondankbare hond, niet te vertrouwen die standbeelden... hier laat ik het even bij Manon, ik vond het heel fijn iets van je (jullie! dat geeft de burger moed) te horen en ga nu lekker met twee tabletjes onder het dekbed met veel liefs, ook van Carla (die het erg moeilijk heeft met de situatie)...

*Amsterdam, 16 december 2009*

lieve manon, ik ga het proberen in een luie stoel met een schapenvachtje in mijn rug en mijn laptop op zo'n ziekbedtafeltje... bedankt voor je lieve briefjes, ik heb ze nodig nu want nu blijkt er weer iets aan de hand te zijn. de aantasting van mijn mooie botten stijgt en dat snappen ze niet. vandaag weer een bloedprik in het ziekenhuis (ik liet me door carla nu voor het eerst in mijn leven in een rolstoel rijden, ze parkeerde me, even onervaren als ik, pardoes met mijn gezicht naar een blinde muur in de wachtkamer, dus ik riep ff draaien ja...) morgen een gesprek met de uroloog/oncoloog, ik hou mijn hart vast maar ja, dat hou ik al maanden... vandaag of morgen hoop ik weer te kunnen schrijven (dit gaat al een beetje, met het zweet op mijn voorhoofd weliswaar, maar toch) en dat zal dan met juichkreetjes gepaard gaan, het is wat manon, ik heb nu dus een ziekenhuisbed met hydraulische elementen, ik kan me met drukken op de knop laten stijgen en dalen, mijn rug opduwen, mijn benen optillen, ik zou als het ware elektronisch de liefde kunnen bedrijven... ach lieve manon, ik stop ermee en bereid me voor op de nacht, maar eerst nog de zet voor bebek... veel liefs, herman

*Utrecht, 17 december 2009*

Lieve Herman,

Als je het wilt vertellen, ik hoor graag wat het gesprek met de oncoloog heeft uitgewezen, maar voel je niet verplicht mijn mails te beantwoorden. Ik zit in een overvolle lunchroom vlak bij Tolsteeg. Het stinkt hier ontzettend naar olie en oliebollen, maar het heeft allemaal wel sfeer, en het was ook nogal een feest om vanmorgen kater Mowgli door zijn eerste sneeuw te zien lopen, heel voorzichtig.

Herman veel liefs, voor jou en Carla.
Manon

*Holle Bilt, 22 december 2009*

Lieve Herman,

Gisteren, na ons telefoongesprek (waarvoor ik me een beetje schaam, omdat ik zo stom lacherig was, het is van de zenuwen, denk ik, de zorg, de belachelijke wanhopigheid, weten dat die muur er is), in ieder geval, gisteren, schreef ik een mail, en ik heb hem niet verstuurd, misschien een andere keer, het was een rare, brokkelige, zichzelf tegensprekende en zelfbevestigende mail vol observaties en platitudes, en nu maak ik koffie en schrijf een andere.

Met elk nieuw bericht over de verslechtering van je gezondheid worden er stenen bij die muur gemetseld waar je het over had, en wordt het moeilijker voor anderen, zoals ik, om over en door die muur jou te zien, misschien omdat ik niet wil weten dat zo'n ingreep in jouw enige, unieke, hoogstpersoonlijke leven, jouw enige, unieke en eigen lichaam, onherroepelijk ingrijpt in emoties, denken, voelen, je dagelijkse bestaan. Dat de plaats die voorheen werd ingenomen door vrouw, vrienden, kennissen, nu ook wordt bezet – al is het dan onvrijwillig – door oncologen, urologen, artsen.

Dan is het of er twee eigengereide en even ware werkelijkheden een gevecht leveren, en als je leeft en gezond bent wil je liever niet weten dat die andere werkelijkheid er is, ben ik dan bang voor de dood, vraag ik me af, en het antwoord is dat ik minder bang ben voor mijn eigen dood dan voor die van anderen, dat ik minder bang ben voor mijn eigen wanhoop dan voor die van anderen, dat de machteloosheid en de kloof die ieder mens van een ander scheidt zich nergens dieper en gapender voordoet dan die tussen de mens die weet dat hij zal gaan sterven en de mens die denkt dat er nog genoeg tijd is om die wetenschap te verdoezelen, kortom, Herman, jij staat al in Isfahaan en ik denk er nog naartoe te kunnen vluchten.

En aan die vlucht en aan het staan kleeft de levenslust, de wil, het verlangen, de energie, klemmen zich de gedachten, het vrije en het onvrije denken en weet ik veel wat al niet meer. Soms droom ik al een beetje angstig dat ik wakker word in een kaal, leeg veld en dat de mensen om wie ik geef zijn vertrokken, zoals in mijn gruwelijke oude kinderdroom waarin ik na schoolgaan thuiskom en zie dat het huis verlaten is, het tapijt losgestoken, geen bericht...

Tegelijk vind ik het egoïstisch om aan mezelf te denken, ik denk aan Carla, aan Anne – en vind het zo'n slechte, kwade streek, Herman, en ik kan ook niet meer om die domme kankercellen lachen, alleen maar hopen dat de bloedtransfusie doet wat zij bij vampiers doet, je verjongen, versterken, van zuurstof en leven voorzien, ik hoop zo dat je nog lust en mogelijkheid ziet om naast de dingen die je moet gaan regelen, te schrijven, al is het maar graffiti op de muur, dat je in een second opinion ook een opening vindt om nog ergens meer en betere tijd terug te pakken van die cellen, als er iets is dat iemand, dat ik, zou kunnen doen, op wat voor vlak dan ook, laat het me weten.

Ik zou je zo graag vrolijke, hoopvolle en verfrissende mails willen sturen, en ik hoop ook echt dat met dat bloed weer wat gezondheid is teruggekomen, wat energie, dat je niet zo verschrikkelijk moe hoeft te zijn.

Als je het prettig vindt dat anderen werk van je uittypen (als je daar al lust toe voelt om eraan verder te gaan), geef het door, ik heb de komende maanden tijd en ruimte.

Ik had graag willen schrijven over de sneeuw, die zo mooi is, over de wandeling die ik gisteren alleen maakte en de wandeling 's avonds laat met Bebek, en die weelde van de sneeuw, en hoe overal de afdrukken van dierenpootjes te zien waren, hoe alles als in een Japanse prent scherper, helderder en bijna uitverkoren lijkt, het gedempte geluid, het gebrek aan kleur, het verrukkelijke knerpen onder de voeten, het water dat grijs en koud en glad was, een eendje dat erdoorheen zwom, hoe alles, ook het verkeer, de bussen, de strooiwagens logisch, noodzakelijk, nee, in evenwicht lijkt, alsof er niets is in het bestaan dat op voorhand uitgesloten wordt. Hoe de poes, binnen, lui in zijn dikke bontjas (ik moet denken aan het schilderij *De Witrus* van Ilja Repin) op de bank lag en zijn met bont omhulde poot uitstak naar de vogels buiten, hoe zijn snorharen zich strekten, zoals bij een man die aan een maaltijd denkt de imaginaire snorharen zich óók strekken), maar hij vond het toch te veel werk en bleef liggen.

Heel veel liefs, Manon (en Bebek)

*Holle Bilt, 30 december 2009*

Lieve Herman,

Hoe gaat het met je, Herman? Ik probeer al een paar dagen Carla te pakken te krijgen, maar dat lukt niet. Dit is maar een heel kort mailtje, ik hoop zo dat het je redelijk gaat, dat je bij alle ongelukkige berichten iets hoopgevends te horen hebt gehad, en vind het heel erg dat ik nu niets van je hoor, maar ik begrijp het ook als je even, of misschien wel langere tijd geen bemoeienis van buiten wil.

Het voelt niet goed, deze stilte.

Heel veel liefs,
Manon, en Bebek

*Amsterdam, 30 december 2009*

Lieve Manon en Bebek,

Ja, ik lag weer in het ziekenhuis tot tweede kerstdag...
morgen mail of bel ik je Manon, nu eerst lekker de slaap...

veel liefs,
Herman

*Tolsteeg, 4 januari 2010*

Lieve Herman,

Fijn om je gisteren gesproken te hebben, nu snel en definitief die infectie eronder krijgen, zodat het verse bloed de ruimte krijgt om je zo energiek mogelijk te houden, Herman, het is echt raar, steeds als je je heel slap, moe en slecht voelt, is het of ik getuige ben van iemand die is gegijzeld, in gijzeling wordt gehouden, en steeds als je je wat beter voelt, is het of je ontsnapt bent uit diezelfde gijzeling en weer in vrijheid kunt denken en handelen, en het machteloze gevoel is dat van iemand die weet dat de ander tegen zijn wil wordt vastgehouden, tegen zijn uitdrukkelijke wil, en je kan er niets aan doen. Maar ik werd er toch blij en vrolijk van je gisteren te horen, en nogmaals, als er de komende periode ook maar iets is wat ik zou kunnen doen – op wat voor manier dan ook – laat het weten, en als ik daar nu over op moet houden, ook.

Ik ga je bijpraten over mijn eigen zelfzuchtige bestaan, je bent op dit moment een van de weinige vrienden die ik er vrij over kan spreken, nou ja, op mijn zusje na ben je eigenlijk de enige.

Ik weet niet eens goed wat ik erover kwijt wil, kwijt kan, ik vertrouw de taal en mijn eigen woorden voor geen millimeter, vannacht lag ik op de bank in de stollende eenzaamheid die van de nacht is, over van alles en nog wat na te denken, op van alles en nog wat te reageren, kruiste ik degens met deze en gene, was ik beurtelings boos, bitter, woedend, bang en teleurgesteld, voelde ik mezelf een monster, en dacht erover om het schrijven er dan maar helemaal aan te geven, de prijs die betaald wordt is hoog, zelfs al zijn Bebek en ik voor de achttiende, of is het inmiddels de negentiende keer 'over de rijst' gesprongen, ik voel dat ik hem ernstig en diep beschadigd heb, en dat spijt me enorm en zo woelen er twee, strijden er twee in me, de Siamese tweeling, een schrijft, een is getuige van dat schrijven, dan vergeet ik dat weer, en maak ik me kwaad over de ontstellend platte en banale manier van lezen.

Enfin, Herman, wat zal het, ik maak me druk over een boek, over een tekst, over woorden, en levens gaan verloren, en mensen raken elkaar kwijt en vernietigen en verliezen en dwarrelen weer naar elkaar en zoeken een plek om te schuilen voor wat ze ook zijn, of voor wat ze niet kunnen zijn. Maar het doet zo'n ongelooflijke pijn, ook dat die platheid zich naar mij uitstrekt. En ik vraag me dan in alle eerlijkheid af: heb ik het niet goed opgeschreven, als het niet te vinden is? Maar anderen vinden het wel, en ik kan de woorden vinden, de gegevens, de zinnen, de regels die ruimte geven voor een andere blik, een rijkere, rijpere.

Ja, dat is allemaal heel mooi, Uphoff, en beschamend zelfzuchtig is het ook om het daar nu met jou over te hebben, en jou tijd te vragen voor het werk van een ander, terwijl je zelf je woorden, je boek, een verhaal, probeert te ontrukken aan de geniepige, roofzuchtige dief, aan die domme, stomme, stompzinnige, platte, banale kanker die niets anders doet dan zich vermenigvuldigen en die nooit iets beters of iets anders wordt dan de herhaling van zichzelf, ik vraag je tijd voor mij uit te trekken, ja, dat doe ik, en daar schaam ik me dan nog meer voor, en ook vind ik mezelf laf en een schijtlaars, dat ik in een hoekje kruip met mijn gekwetste gevoel, en alleen uit dat hoekje kom om er iedereen die ik kan vinden mee lastig te vallen.

Ik blijf denken dat *De spelers* een goed boek is, zodra ik die gedachte loslaat, kruit het ijs onder mijn voeten, sta ik tot mijn knieën in het water, vallen de zin en het doel van het schrijven weg, en misschien moest dat ook maar eens, misschien is niets het waard, behalve de mens zelf, maar het is in het schrijven dat ik met dat besef enigszins uit de voeten kan, en als ik niet schrijf loop ik rond en denk: waarom bestaan, waarom zijn?

Aan de overkant, in het park, loopt een enorme hond, omdat die hond wat hoger op de heuvel in het park loopt dan zijn baas, geeft dat een vreemd perspectivisch vervormd effect, alsof de hond veel groter dan de baas is, de baas een dwerg, het water hiervoor ziet er steenkoud uit, strak, met daarin haastig zwemmende eenden, je kan ze bijna horen vloeken terwijl ze peddelen. Het waren barre weken, het zijn barre weken – ik mis mijn vitale zelf, het is of het er nooit geweest is, of een leugen is geweest, en in mijn eigen radeloosheid kom ik bij jou klagen en vragen om me te helpen, en dat ik dat doe maakt niet dat ik me beter voel over wie of wat ik ben, lekker, die combinatie van trots en zelfhaat, op die manier wil ik met mezelf niet eens bevriend zijn, maar wat ik ook doe, dat mens blijft aanwezig, ze laat niet los.

Ik heb wel een mooi en goed idee voor een essay, ik kauw er nu al enige tijd op, het houdt verband met wat ik je lang geleden vertelde over dat verhaal van die Ikonen, die bizarre moord op een priester in Rusland, de roof van Ikonen, die, dat wisten de dieven en moordenaars, waardeloos waren, en die ze dan ook na afloop op het kerkhof hebben gegooid.

Al puzzelend en denkend begin ik te begrijpen waarom juist dat 'verhaal' zo bij me leeft, en hoe ik in een essay iets kwijt kan over verhalen in het algemeen die, losgesneden van de roots (religie, Griekse en Romeinse mythologie, de volksvertelling, het sprookje) die ze van oudsher een betekenis en bedding verleenden, ontworteld zijn. Waarin onderscheidt de vertelling zich nu nog van al het andere dat wordt verteld? Wat maakt het verhaal, de roman de moeite waard, wat geeft het betekenis en bedding, waarom zou iets gered moeten worden wat zijn oorspronkelijke functie verloren heeft? Kun je het redden? Moet je iets redden?? Of is het nu met het boek als met de natuur, wat krachtig is, overleeft en wat niet overleeft was de moeite niet waard, wat zijn functie verliest heeft geen functie, zo zijn de wetten van de biologie. Zeggen velen. Ik heb de pest aan natuurbeschermers die om elk veldje een hek willen, overal bescherming voor die arme, zwakke natuur die het zonder hulp niet redt. Dan kan dat ook mijn visie op het boek, op de vertelling, het verhaal, de roman niet zijn, dat die hulpeloos is. Maar ik ben wel bezorgd over gif in rivieren, over afval en vuil, over het smerige storten op een plek waar anderen wonen, die de last krijgen en de problemen van gif en vuil en ongebreidelde en ongecontroleerde productie. Omdat die schade toebrengt. In het grote geheel 'overleeft' de soort dan misschien wel, redt de natuur het misschien wel, maar ondertussen kost het overbodig en krankzinnig veel levens, van anderen. Niet van de veroorzakers van de ellende. En ineens ben ik dan – de vergelijking doortrekkend – wel bezorgd, haha, voor het boek, het verhaal. Ja, het zal wel overleven, uiteindelijk, en als niet, dan niet. Maar ondertussen gaan dingen verloren. Hoe erg is het, op het grote geheel, het grote wemelen, als het Louvre in de fik vliegt? Ja, erg, maar de wereld stopt niet met draaien, en we hebben de foto's, we hebben reproducties, we hebben het bijna-echte en unieke, dat toch al – in de herhaling en reproductie – niet meer uniek was.

De massa heeft niet lief, de massa bewondert, vereert, volgt, valt aan, vernietigt wat niet tot haar behoort, maar de massa kan niet liefhebben, want dat is voorbehouden aan het individu dat daarmee de grens tussen zichzelf en de ander opheft, in het besef dat die grens er is. De liefde is het er niet mee eens zijn, er niet mee akkoord gaan, het niet pikken, niet goed vinden dat die grens er is, uiteindelijk, en totaal, en daarmee heft ze die grens natuurlijk ook weleens op. Maar dat doet geweld ook. Misschien dat dat in zoveel gevallen de plaats van liefde inneemt.

Of misschien is dat bij mij zo.

Of misschien is dat het waarom ik geweld wel begrijp.

En er zo bang voor ben.

Nou ja, dit gaat nu alle kanten op, ik maak dat essay, het moet gaan over dat gevecht, want een gevecht is er, en in plaats van aan schrijvers te vragen wat de zin van het schrijven, hun schrijven, hun werk is, zou de vraag misschien gesteld moeten worden: Wat is de zin (nog) van lezen?

Herman, dit is nog een lange brief geworden ook, veel liefs en een heel mooie, goede dag,

Manon

*Amsterdam, 9 januari 2010*

lieve manon,

natuurlijk heb ik je mooie lange brief meteen gelezen en ik zou er een heleboel over kunnen zeggen, maar nu niet, ik heb gewoon te weinig energie (vandaar ook mijn late reactie), die infectie gaat maar niet over, ik ben vandaag weer met een nieuwe antibioticakuur begonnen, maar wat ik wel kort kan zeggen dat is dat je elke twijfel aan de kwaliteit van jouw schrijverschap uit je hoofd moet bannen, nu, meteen, dat ben je aan mij en alle andere schrijvers verplicht: als wij ons als schrijver willen afbreken dan doen we dat zelf, maar wij laten ons nooit, never ever door critici afbreken, zo! maar jouw opmerkingen over de prijs van het schrijven, daar weet ik niet veel over te zeggen, ik hoop dat die prijs al gauw veel lager zal blijken te zijn dan je nu denkt, nog sterker, ik hoop dat jij en bebek er uiteindelijk beter... ach nou ja, lieve manon ik vond het een mooie brief en ik dank je voor de openhartigheid, wij zijn dus echt een beetje getrouwd (ik nog lachend op de foto ook in *opzij*!)... intussen hoop ik hier nog steeds gauw aan kracht te winnen want ik wil weer schrijven... welterusten en echt waar bebek die zet komt!

veel liefs,
herman

*Holle Bilt, 14 januari 2010*

Lieve Herman,

Een paar dagen geleden, het was steenkoud in de slaapkamer op de Holle Bilt, legde Bebek wat kleding neer over de verwarming, terwijl ik ondertussen mijn voeten op een rubberen kruik hield, en terwijl bij mij de herinnering aan een ijskoude kinderkamer opdook, vertelde Bebek hoe zijn moeder 's avonds voor het slapengaan hun kleding voor de volgende dag over de verwarming hing, en de herinnering was zo scherp dat hij voor het eerst sinds ik hem ken 'mama' zei: 'mama legde zo mijn kleren over de verwarming'.

Hoe lief wordt Bebek mij op het moment dat dit 'mama' hem per ongeluk ontglipt, het is als het zien van het stoffig en sleets geworden lappenpopje van een kind, je ziet aan het popje alles wat het kind erin gestopt heeft, en het popje wordt gelijk aan het kind dat het heeft voortgesleept.

○

Het is zo'n mooie, stralende zonnige dag, de sneeuw smelt, maar niet te snel, hier en daar plekken groen, korstig gras, de kat die hier lui uitgestrekt op de bank ligt, ik heb mezelf vandaag vrij gegeven, en doe de hele dag niets anders dan *Pushkin on Literature** lezen, een feest. Over memoires: 'It is both tempting and pleasant to write one's Mémoires. There is nobody one loves as much, or knows as well, as oneself. It is an inexhaustible subject. But it presents difficulties. It is possible not to lie; but to be sincere is a physical impossibility. The pen will sometimes stop, as a runner draws up at an abyss, before something an outsider would read with indifference. It is not difficult to defy the judgement of men; it is impossible to defy the judgement of one's own conscience.'** En meer van dat soort verrukkelijks (hij verbrandde overigens zijn eigen memoires), nog mooier het volgende (over of het al dan niet verschrikkelijk was: de vernietiging van de memoires van Byron): 'We know Byron well enough. We have seen him throned in glory; seen him in the sufferings of his great spirit; (...)' en nu komt het: 'The crowd eagerly laps up confessions, memoirs, etc., for in its baseness it delights in the degradation of the great, in the weaknesses of the powerful.

* *Pushkin on Literature,* bezorgd door Tatiana Wolff, Northwestern University Press, 1998.

** 'Het is zowel verleidelijk als aangenaam om je memoires te schrijven. Niemand van wie je zoveel houdt, of weet, als van jezelf. Het is een onuitputtelijk onderwerp. Maar het levert problemen op. Niet liegen is mogelijk, maar eerlijk zijn is fysiek onmogelijk. De pen zal soms stilstaan, als een hardloper die een afgrond nadert, voor iets waar een buitenstaander overheen zou lezen. Het oordeel van mensen trotseren is niet moeilijk, maar het is onmogelijk het oordeel van je eigen geweten te trotseren.'

It is overjoyed at the disclosure of any nastiness. *He is as petty as we are, he is as vile as we are.* You lie, scoundrels, he may be petty and vile, but not in the way you are – in a different way!'* Ingesloten in het boek een zwart-witfoto van een werk van Repin. Pushkin, luid declamerend, in zo'n nauw aansluitende Nureyev-maillot (die volgens mij de eerste was die erop stond dat mannelijke dansers voortaan in zo'n nietsverhullend maillotje zouden dansen, zodat het publiek goed de beweging van de spieren zou kunnen zien. Maar de vrouwen vielen natuurlijk in katzwijm bij het zien van het gevulde kruis van Nureyev). Daar is geen sprake van op de foto van het schilderij met Pushkin, allemaal heel netjes, moet eraan denken omdat het me twee dagen geleden enorm afleidde bij het spel van Derek Jacobi in de rol van Hamlet, het was allemaal fantastisch, ontroerend, geweldig gedaan, en dan keek ik weer naar die strakke maillot en vroeg me af: hoe deden ze dat vroeger? Betekenden al die kuis neergeslagen ogen misschien iets heel anders en

* 'We kennen Byron vrij goed. We hebben hem hoog op de troon van de roem zien zitten; hem gezien in het lijden van zijn grote geest; (...) De massa zwelgt in bekentenissen, herinneringen etc. omdat mensen wel zo verachtelijk zijn om te genieten van de verwording van de groten, de zwakheid van de machtigen. Ze zijn dolblij met elke onthulling van onsmakelijkheden. *Hij is even kleinzielig als wij zijn, hij is even gemeen als wij.* Jullie liegen, boeven, hij is misschien kleinzielig en gemeen, maar niet op dezelfde manier als jullie – op een andere manier!'

zaten de vrouwen en masse te loeren naar het kruis? Ook de billen leidden af, heb er nu, bij het kijken van *Macbeth* geen last van, allemaal anders aangepakt, lange mantels.

Hoe dan ook, wat ik wilde zeggen: hoe plezierig het is om de opmerkingen, brieven, commentaren te lezen van iemand met verstand en gevoel, en ik dacht weer aan jouw laatste twee bijdragen aan *De Revisor* en met hoe veel plezier ik die heb gelezen, en nu ik zelf met Contact een afspraak heb gemaakt, een ruw plan nog, dat ik de komende tijd verder ga uitwerken, over lezen, over, om het even zo didactisch mogelijk te stellen: *hoe* te lezen, kan het niet anders of jouw stukken schieten me in het denken terug. Je denkt misschien, daar gaaaaaat ze weer met gezanik over die essays, columns, beschouwingen en reflecties op literatuur, en ik weet dat je, als je kunt werken, aan je manuscript werkt, maar ik zou er graag een paar nog eens inzien.

Herman, een fijne avond, zonder pijn en met goede lange volle uren,

Manon

*Amsterdam, 14 januari 2010*

Lieve Manon,

Nou, jouw Moby Dick van mijn complete essays/columns komt er dan misschien toch want vanmiddag had ik hier Joost en Harminke* en die zien dat met een of ander potje wel zitten, hoe vind je dat? Veel tijd kan ik er niet aan besteden want alle werktijd moet gaan naar mijn zwanenzang, als ik nog werktijd krijg want ik weet het echt niet Manon. Ik geloof dat ik die infectie nu wel de baas word met de nieuwe antibiotica en hopelijk voel ik me daarna iets energieker. En die morfine werkt, maar als je daar te veel van neemt word je weer suf. Ja, zo word ik heen en weer gejojoëd(?) tussen hoop en vrees. Ik hoop maandagavond ook bij Annes cd-presentatie te zijn, maar ik ga meteen daarna weer weg met een taxi want anders wordt het me veel te druk, dus veel met elkaar spreken kunnen we dan vast niet. Maar jullie even te zien is ook mooi. Ik wil natuurlijk graag dat je eens langs komt, ook al zal ik het niet zo lang vol kunnen houden. Misschien moet je me even bellen als je toch naar Amsterdam moet en dat heb ik dan het liefst aan het eind van de middag een keer. Tja, Balkenende, voor zo'n man hoef je niet in leven te blijven maar of dat een troost is weet ik niet. En

* Harminke Medendorp, hoofdredacteur Podium.

gefeliciteerd met je *Opzij*-nominatie (met foto van je in *de Volkskrant*), ik zei het toch, dat boek gaat prijzen winnen.

Veel liefs,
Herman

*Tolsteeg, 26 januari 2010*

Lieve Herman,

Jullie zijn weer aan het schaken en vanavond heb ik mijn Tolsteegavond, terwijl Bebek hier gegaarde piepers eet. De Shakespearebox heeft ons nu *Othello* gebracht, met de kracht van de roddel, de smaad, het stiekeme en openlijke gefluister, het besmetten van de goede naam, en wat opvallend is: we kijken en luisteren naar de roddelaar en weten dat hij liegt, maar toch, de werking van de taal is zo krachtig dat je ongewild meegaat.

Bij mij schoot er gisteren, terwijl ik met heel iets anders bezig was, ineens een klein verhaal uit, van zo'n 450 woorden, in het Engels, dus ik ben het nu aan het vertalen. Heel vreemd, het was bijna een openbaring, ik herinnerde me hoe we als kinderen vertrouwd waren geraakt met de geest van ons zesjarig dode broertje, die geest was zo normaal, dat ik er eigenlijk nooit bij heb stilgestaan. Hoe vaak was er 's ochtends niet een rommel gemaakt van onze kleren in de kast, en was er speelgoed verschoven, verplaatst, waren de poppen van mij in een heel andere kamer terechtgekomen. Had het broertje gedaan. Zei mijn vader. Maar ineens dacht ik dat die geest er niet alleen als troost voor mijn vader was, maar een heel duidelijke functie had: om onze angst voor de dood (we hadden nachtmerries toen we hoorden hoe hij dood was gegaan) te bezweren. Dat hij een geest voor zichzelf, maar zeker ook voor ons, had opgeroepen. En dat ik mijn geloof in geesten en een hiernamaals verloor, maar er het geloof in de (troost van de) mensen voor terugkreeg toen ik als vijfjarige mijn vader door de kamer zag sluipen om het speelgoed te verplaatsen en een rommel te maken in de kast.

Ik zal het bijsluiten als ik het goed vertaald heb. Het is niet veel langer dan hierboven.

Buiten fluit een vogel, ik voel lente.

Ik moet je de groeten doen van Bebek, die dat onmiddellijk verbetert: nee, niet de groeten, zeg maar dat ik aan hem denk.

Herman, veel liefs, pijnloze, lichte dagen. Groet Carla van me.

Liefs, Manon

*Tussen Hengelo en Utrecht, 15 februari 2010*

Lieve Herman,

Ik heb je bericht op de voicemail gehoord, dit typ ik in de trein, het is steeds zo druk geweest dat ik geen rustig moment heb kunnen vinden, of alleen op onmogelijke tijdstippen, om je terug te bellen, ik hoop dat morgen overdag te kunnen doen. Ik heb de groeten overgebracht aan Jan Siebelink, die was erg blij iets te horen en is natuurlijk ook bezorgd hoe het met je gaat. Ik heb begrepen dat je die strontiuminjecties hebt gekregen – ik zou het liefst langskomen, maar de komende dagen gaat dat ook steeds niet lukken, en ik moet ook weten wanneer jij een mogelijkheid zou hebben.

Ik twijfel of ik je in de bijlage een hele trits brieven mee zal sturen, eerder geschreven, maar hoe minder ik weet hoe het met je gaat, of hoe meer ik weet en besef dat het je niet goed gaat, hoe verdrietiger ik word, en dan stoor ik me aan die overzichten uit mijn bestaan, ik word boos, opstandig.

Lieve Herman, ik bel je morgen, dat is beter, voor nu een omhelzing, je bent mijn dierbare vriend en ik vind het erg dat dit allemaal gebeurt en niet tegen te houden is, de domme onvermijdelijkheid van die hele ziekte, ik vind het erg dat je in het ziekenhuis ligt en je eenzaam voelt, ik vind het erg dat die eenzaamheid niet op te heffen is.

Heel veel liefs en ik spreek je snel,
Manon

*Amsterdam, 18 februari 2010*

Lieve Manon, dus je bedoelt zaterdag 27 februari, eind van de middag? Dat is dan prima. Ik zou eigenlijk tennissen maar dat zeg ik natuurlijk graag voor je af... ik kijk ernaar uit, naar je praat en je lach. Ik kreeg een lieve brief van Jan Siebelink, met hem ga ik ook gauw iets afspreken. Waar blijft Bebek met zijn tegenzet? Ik voel me vandaag gelukkig een stuk beter dan toen ik je voicemail insprak.

Heel veel liefs,
Herman

*Amsterdam, 19 februari 2010*

oké manon, je begreep neem ik aan wel dat mijn opmerking over tennissen een poging tot humor was, ik bedoel dat je niet denkt dat zich hier opeens een medisch wonder heeft voorgedaan... ironie kan tricky zijn in tijden van nood...

*Holle Bilt, 28 februari 2010*

Dag Herman,

Gatverdamme, wat heb ik het koud. Buiten pisweer. Regen verwatert de sneeuw, blijft een drassige vlakte. Zag ik een uur geleden nog drie ganzen zo goed als wegvallen tegen de witte achtergrond, alleen hun oranje snavels leken te zweven boven de sneeuw, nu is het allemaal slush, blubber en pulp. Alles biedt een grimmige, kouwelijke, kleumende natte aanblik, de regen kleeft tegen de vette ramen, het verkeer is goed te horen, te goed, een akelig geluid, die natte banden over nat en modderig wegdek, hoe heerlijk sneeuw kan kraken en knerpen, hoe smerig en vuil ze kan klinken op deze momenten, onder een grauwe hemel die niet vriest, smeltend. Ik geeuw, ik gaap... ik doe niets, niets. Heb een column geschreven voor de *Elegance*, geheel in opdracht deze keer, of het betrekking mocht hebben op de Staatsloterij, ach, jawel hoor – en daar schreef Uphoff een column over de loterij. Ik ontving van de eindredacteur gisteren een treurig bericht dat ze, min of meer per direct, haar bureau mocht leegruimen. Zeventien mensen verdwijnen er. De zoveelste paniekerige reorganisatie in bladenland. En elk van die reorganisaties maakt van mensen ratten en wolven – iedereen loert naar iedereen: moet jij er al uit? Opgelucht als de slinger niet boven hun hoofden zwaait, maar daar is de put nog, en opletten dat ze er niet in donderen. Gisteren keek ik met Bebek naar een documentaire over de gevolgen van de kredietcrisis voor Detroit, vol auto-industrie geweest; iedereen had in de fabriek gewerkt, nu niets meer, lege huizen, dichtgetimmerd, -gespijkerd, alles weer van de bank, die deed er ook niets mee – ik wil niet somber zijn, en misschien gaat het meevallen, maar in mijn eigen omgeving worden al banen geveld, een architect (uit vriendenkring Bebek) krijgt geen opdrachten meer en is op zoek naar werk, freelancers vliegen eruit, tijdelijke contracten worden niet verlengd.

'Vind je het niet heel erg onzeker?' vroegen ze me een aantal jaren geleden in verband met het schrijven. Ja, garanties zijn er niet, maar het lijkt niet slechter dan in de vaste aanstellingen of bij al die kleine bedrijven die geen euro meer krijgen van de bank, omdat ze daar met hun dikke billen op de gelden zitten die ze van de overheid krijgen om gaten te dichten die ze zelf hebben geslagen, met arrogantie, overmoed, gokgedrag. Niet dat je dat alleen daar vindt, maar daar heeft het wel de grootste kraters geslagen. Heb medelijden met al die eenmansbedrijfjes, kleine ondernemingen enzovoort die het nu niet meer redden. En ik merk iets anders, dat doorsijpelt: een zich verspreidende achterdocht, het Glengarry Glen Ross-principe, als mensen aan elkaar moeten gaan knagen om de eigen ruimte en de eigen bak met voer te behouden. Misschien overdrijf ik, zei al, ben in slecht humeur, ik hoop dat ik overdrijf.

○

Morgen komen mijn twee neefjes hier om te spelen, het gezin is in crisis, mijn zusje en haar vrouw hebben het heel zwaar, weten niet meer of ze met elkaar verder willen, oudste jongetje vouwt papieren vliegtuigjes met 'ophouwen met ruziemaken'. Kan het echt zo zijn dat er momenten, tijden zijn dat de zaken en de mensen verder uit elkaar drijven, is het tijdgeest, of mijn geest in de tijd? Toch denk ik: iedereen die nu op de een of andere manier snel en haastig aan de kant wordt geschoven in wat misschien een tijdelijke strijd lijkt, die houdt daar littekens aan over. Ik denk niet dat iemand als die eindredacteur van *Elegance* het verteren kan dat ze ineens mag verdwijnen, dat niemand haar steunt of helpt, veel te bang is de rest om zijn plekje te verliezen. Al zal je nog zo'n mooie nieuwe positie (her)vinden, ooit, die momenten zullen zich invreten.

Als het dan lente is, als de economie weer aantrekt, zijn er een flink aantal van dit soort gehavende mensen. Dat kon je ook mooi zien in die documentaire gisteren. Wat eenmaal zo teloorgaat, kruipt misschien wel weer eens overeind, maar vergeet niet.

In dat opzicht is het als in oorlog.

Herman, ik zie – dit is helemaal geen brief, en een dagboekaantekening is het ook niet, het bovenstaande, het is aan niemand gericht, op zijn best een brief aan mezelf. Fijn dat je belde, goed dat er voortvarend met de Moby wordt omgegaan. Lees op Twitter dat Anne optreedt, ik vind dat twitteren helemaal geweldig, natuurlijk is het soms onnozel, gebabbel, maar het is ook snel, direct, to the point en houdt je, als je de juiste mensen en instellingen, organisaties volgt, ontzettend goed op de hoogte.

Het heeft ook wel een nieuw soort hoffelijkheid, je valt mensen niet lastig met oeverloos gezeur, in 140 tekens doe je je mededeling, je uiting en regelmatig reageert daar iemand op en is er een soort gesprek, het zijn de *short-letters* van onze tijd, en ik lees ze graag.

Dit hier, het schrijven van deze lange brieven, is dus een verschijnsel uit een oude tijd, kunstmatig, kunst, l'art pour l'art – of flessenpost. Maar het is ook privé, persoonlijk, niemand leest mee, en ik hoef niet bezorgd te zijn, niet achterdochtig (kwade ogen).

Ik schrijf ze, en omdat je ze graag leest, schrijf ik ze met nog meer plezier. Alweer bijna een jaar geleden zochten we in het huis van mijn broer in de dozen en mappen van mijn ouders, die daar bij hem worden bewaard onder de noemer 'het familiearchief', de brieven van mijn vader en moeder, liefdesbrieven, kattenbelletjes, korte briefjes geschreven na ruzie, een bijzonder mooie en heel ontroerende brief van mijn nog piepjonge moeder die na haar eerste nacht met een Duitse soldaat (die heel kort daarop naar Rusland zou vertrekken) schreef dat ze hoopte dat hij niet 'lelijk' over haar zou denken, ik was zo blij met die brief, heel het leven van mijn moeder kwam in een jonger, stralender licht te staan, ik word weer heel emotioneel nu ik erover schrijf, maar tranen op een toetsenbord zijn niet goed. Er sprak zo'n tederheid uit, zo'n volwassenheid en meisjesachtigheid, en de tijd, de tijd waarin dat gebeurde steeg eruit op, ze heeft in het laatste jaar van haar leven regelmatig over die jongen gesproken, die sneuvelde. Hij was niet 'haar grote liefde', het ging om het lange, slepende verdriet of de weemoed over een jong, fris leven dat niet verder mocht, ook vertelde ze veel over het jongetje Barendje, tweejarig zoontje van een Joods gezin waar mijn moeder werkte in de huishouding, Sytze van der Zee* heeft pas voor me uitgezocht waar dat kind is terechtgekomen, in Sobibor, en is gestorven. Dat gaat natuurlijk al niet meer over de brieven, maar er stegen levens uit op (de salarissen van mijn vader, gestaag stijgend, aflossing schulden, zijn gedichtjes na de dood van Edwin, maar ook meteen de kosten van de begrafenis, en het krantenbericht dat toen nog heel kil 'de schuld' bij een zesjarig kind legde). Het zijn persoonlijke dingen, details, Herman en ik heb ze al vaak genoemd, erover verteld, ik weet niet waarom ik ze herhaal. Ieder gezin, iedere familie, ieder leven beschikt over zo'n archief en met alles wat we al bewaren kunnen is het archief van het kleine bestaan misschien wel nutteloos, als het niet verwijst naar iets hogers, omvattenders, al het persoon-

* Sytze van der Zee, oud-hoofdredacteur van *Het Parool* en schrijver van *Vogelvrij – De jacht op de Joodse onderduiker*, De Bezige Bij, 2009.

lijke leed, de kleine, smeulende of laaiende liefdes, geld, omstandigheden... en toch kan ik me niet aan de indruk onttrekken dat het belangrijk is, voor iets anders, ik weet niet waarvoor.

Jaren geleden zag ik een documentaire, heb ook die al vaak aangehaald, ook in het reservoir van mijn geheugen verstenen al dingen, het ging om een troep leeuwen, een complete dynastie en je volgde leeuw na leeuw na leeuw, individueel en in de groep, en het kwam er, na een lange, boeiende en indrukwekkende documentaire, op neer dat de vallei een troep leeuwen, een complete dynastie niet meer had. Ze waren dood, opgevreten, verhongerd, hadden welpen gekregen, die waren opgegroeid, hadden geleefd, geroofd, geslapen, gevreten, waren bezig met het zoeken van een partner, en alles lukte, en alles lukte ook niet, want aan het eind van het verhaal was er niet een meer over.

Een andere roedel/troep had het wel gered.

En wat zegt dat? Niets, zouden de Coen-brothers zeggen, en dat zeggen ze ook deels in *A Serious Man*. De ondoorgrondelijke wegen van een opperwezen, de willekeur en het sadisme van een opperwezen, de ondoorgrondelijkheid van het toeval, gewoon een van de mogelijkheden van het bestaan zonder God of goden. En is het erg? Weten de leeuwen het? Was hun leven minder spannend, mooi, moeilijk, vreugdevol, genotvol dan dat van de andere leeuwen? Het leed van de enkeling is steeds opnieuw het leed van de enkeling, waarom treft het ons dan toch zo als het zich uitspreidt tot een groep, de massa? En waarom moeten we, om ons in te leven, toch terug naar die enkeling? En als wijzere, doorleefder mensen hier hun hersens over hebben gekraakt, wat denk ik daar dan nog aan toe te kunnen voegen? Wat is de rol van de waarnemer, de getuige? En als de waarom-vraag een onbeantwoordbare is en blijft, en er misschien ook niet toe doet, waarom zit die waarom-vraag dan zo in ons verankerd? De ziel zou volgens sommigen 6 gram wegen, zei Bebek laatst. Daar zijn metingen naar verricht. Het lijkt me een mooi idee. Dan kunnen we met al die grammen straks een machtig zwaar wezen scheppen. Goya's kolos (o nee, die blijkt helemaal niet van Goya te zijn, maar van een leerling). 1000 mensen 6 kilo ziel. 10.000 mensen 60 kilo (al het gewicht van een mens).

Zometeen komen mijn neefjes, de jongste stond vannacht al om vier uur klaar met een koffertje. Ik ga ze door de sneeuw slepen en uitputten.

Het zal wel het omgekeerde worden.

Veel liefs,
Manon

*Vreeswijk, 16 maart 2010*

Lieve Herman,

Hoe raar kan het lopen in een leven – blij dat we je gisteren zagen, gelukkig met het feit dat je je wat beter voelt gingen we naar huis, daar hoor ik dat mijn jongste broer een nogal ingewikkelde auto-immuunziekte heeft. Recent opgespoord, ontdekt. Moet behandeld worden met vitamine B12-injecties, op zich 'behandelbaar', maar kan ernstige gevolgen hebben als er niets aan gedaan wordt, ook op neurologisch gebied. Vervolgens belde mijn zus, de relatie lijkt te klappen en nu zit ik beneden in de kelder van haar huis, terwijl er boven zo'n bitter 'laatste' gesprek gevoerd lijkt te worden, en typ ik mijn bericht uit de/het ondergrondse.

Vanavond heb ik een lezing op een gymnasium in Velsen, *tussendoor* moet er weer teruggereisd worden naar Utrecht, Tolsteegsingel, stembiljetten en een brief posten die belangrijk is.

Buiten koert een duif, de hemel is blauw, de zon schijnt, gisteren, onderweg naar huis zagen we een maan zoals ik hem maar één keer eerder in mijn leven heb gezien: zachtgeel, enorm groot, deinend, als een reusachtig donzig ei, heel erg mooi.

Ik ben niet zo bezorgd als jij over je *unvollendete*, ik denk dat het een heel dringend boek wordt en al is, en die wakken die er nog zijn, kunnen altijd worden gedicht, of liefdevol aangegeven.

Ik moet zo naar boven, uit deze kelderruimte; er gaat een klein jongetje uit school komen en die treft de wanhoop van twee mensen aan. Wilde dat ik er luchtiger over kon doen. Kan ik niet. Zonde. Jammer.

○

En nu van gymnasium op weg naar huis, geweldige avond gehad op een geweldige school, met fantastisch voorbereide leerlingen, een paar hadden een hoorspel gemaakt van *Poep* (was grandioos!) met powerpointpresentatie van prachtige tekeningen erbij, die ik in een aandoenlijk pakketje mee mocht nemen naar huis.

○

Onderweg zo veel mogelijk informatie geprobeerd te vinden over de verkiezingen; eerst de opluchting dat Amsterdam en Utrecht steden zijn gebleven waar ik naartoe durf te gaan of naar terug durf te keren, kort daarop het besef dat cijfers over VVD en de PVV aangeven dat de ruk naar rechts is gemaakt, en wat voor rechts! Ik word er zenuwachtig van, Bebek ook, die doorzettende sfeerverandering.

○

Ach, ach, ach... ik volg de uitzendingen en het voelt niet goed, Herman, die rare, maffe, enge PVV en die verziekte VVD en dan nog die puist (mee-eter) Verdonk, wat willen die stemmers in dat hoofddoekjesvrije Almere? Gaan ze zo luid zingend de toekomst tegemoet? Met onbedekte, vrije hoofden, ik krijg er rare beelden bij en zie Wilders (die van blond naar zilverwit is gegaan) op onsmakelijke en beschamende wijze praten over andere politiek leiders en vind hem even griezelig in zijn intelligente onbeschaamdheid als, ja, als wat, het is of ik kijk naar *Invasion of the Body Snatchers*, de man is overgenomen door iets en zo grondig dat je gefascineerd blijft kijken, zoekt waar de snatcher zich in de mens ophoudt, maar dan moet je tot je schrik concluderen dat de overname volledig is, er is alleen nog de snatcher.

○

Lieve Herman, en nu is het ochtend, en verheug ik me erop je weer een brief te schrijven, en vind ik het een groot goed dat dat kan, en wéér valt er sneeuw, Bebek heeft gisteren de vlinderstruiken gesnoeid, Iris* kwam langs om te eten, ik was de hele dag doodmoe, het moet zijn vanwege de spanning van de afgelopen maanden, we hadden zaterdag een verjaardagsfeest van een goede vriend, ik was al moe en dronk vier glazen wijn en heb

* Dochter van Manon Uphoff.

gisteren de hele dag ingeleverd, al kon ik daardoor wel een boek van Ian McEwan uitlezen (*Zaterdag*). Het werd een politiek getint avondje, dat wil zeggen, we bespraken de verkiezingen, vergeleken onze steden, en probeerden te voorspellen welke kant het uit zal gaan – we hebben vastgelegd: 9 juni, nazit, om te huilen of te juichen en te zien of we nog ernstiger hadden moeten zijn, of dat het genoeg was, deze bezorgdheid.

○

Boekenbal – vooraf etentje met een gezelschap van De Bij, heel prettig, voelde ook warm en gestut, om zo in een groep naar de schouwburg te lopen, ben niet lang gebleven, want de volgende dag een lezing. Zag Joost nog even – hebben het natuurlijk over jouw Moby gehad. En nu zit ik na een niet geheel geslaagde lezing op het Onze Lieve Vrouwelyceum te Breda (wel met een heel schattige groep leerlingen, ik deed het samen met Ramsey Nasr, die tweeënhalf uur bleven zitten om naar ons te luisteren! En dat allemaal op vrijwillige basis...)

In Gouda, verorber een pannenkoek met rozijnen voor de lezing in Reeuwijk begint. Lage accuspanning zegt mijn computer, dus ik sluit je meteen weer af.

○

Kwam vannacht terug en hoorde in de taxi dat Hans van Mierlo was overleden, voelde droef, arme Connie, die tijdens de foto's voor *Opzij* nog zo opgewekt over 'de huwelijkse staat' sprak, toen was hij al ziek, natuurlijk, dat was ook de reden dat Connie niet mee kon doen aan Saint Amour. Ik heb jaren geleden verschillende ontbijtjes gedeeld met ze – Hans was heel warm gezelschap, hebben het toen nog uitgebreid over Nederlandse rol in Srebrenica gehad. Zo wordt het waar, wat Poe schreef: 'Zwijg in die eenzaamheid, je bent / Wel eenzaam dan, maar niet alleen / De dode zielen die je kent / Staan zoals vroeger om je heen / Wees dan stil...'

Ik had het over heel andere dingen willen hebben, Herman. Ik was gisteren niet op mijn best op die school, moe, vermoeid, nerveus, zoekend naar waar ik het over kon hebben, onzeker. In Reeuwijk (na die pannenkoek in eettentje in Gouda) juist op dreef, goed, maar daar weer zo'n piepklein gezelschap dat je je afvraagt waarom zo'n bibliotheek (met allemaal lieve vrijwilligers) dat nog zo organiseert, en je in grote twijfel raakt over jezelf. Ik snak naar een serieus interview over mijn werk, ik mis dat, nu kan ik maandag een gesprek hebben met het blad *Zin*, en hoe kan ik het daarin over mijn verhalen en boeken hebben? Of moet ik weer aangeven hoe goed ik dat toch weet te combineren, ouder worden, leven, zorgen, werken, ik hink op twee benen, jij bent daar zuiverder in, duidelijker, ik heb het altijd willen combineren, maar gvd niet *ten koste* van het eerste, belangrijke, ik krijg gewoon last van zelfhaat en wil mezelf met kracht verwijderen, straks, als ik dood ben, dan staat er gewoon nog steeds wat er staat, denk ik dan, en ben ik lekker weg, en dan zullen we zien, dan zien we niks natuurlijk, ik in ieder geval niet, want dood als in mors, maar dan kan ik eruit weg, ben ik eruit weg en drijven de woorden zelfstandig. Of als ik straks maar echt oud ben, dan komen de woorden los, dobberen de verhalen van mij af. Maar het is evengoed mogelijk dat ze volledig met mij in de aarde verdwijnen.

Nee, ik moet weg. Het moet. Ik ben mijn eigen gewicht om de nek, het gewicht aan mijn boeken. Het komt niet omdat het niet op zichzelf kan staan, maar omdat het meer en meer tegen mij aan geduwd wordt, ik infecteer het met mezelf en haat mezelf. Zo, dan weet een iemand dat, dan weet jij dat. Al maanden loop ik rond met die pijn ervan, pieker ik en vraag me af: wat moet ik doen? Ik kan zo vertellen dat het he-le-maal niets uitmaakt wat en hoe ik schrijf, goed of slecht, ja slecht wordt afgestraft, maar goed ook, het is geïsoleerd, wordt geïsoleerd en dat gebeurt niet heel doelbewust, maar sluipend, en is een samenspel van veel factoren. En ik peins en peins, hoe komt het daaruit? Hoe red ik de verhalen en de romans van verstikking?

o

Lieve Herman, vergeef me alsjeblieft mijn droeve notities over schrijverschap, successen, nederlagen... ze zullen blijven, ik stijg er maar niet boven uit. Heb ik je verteld dat ik Allard op het boekenbal heb gezien, kort gesproken?

En hoe, hoe gaat het jou intussen? Werkt de strontium nog steeds tegen de pijn? Ik hoop het. Ik zag de aankondiging voor je boek, *Traag licht**, mooie titel.

○

Bebek vertelde me dat hij alweer een paar dagen geen zet van je heeft ontvangen – en we vrezen dat je misschien weer in het ziekenhuis bent, of te erg vermoeid, te veel pijn.

Lieve Herman, het is moeilijk om de balans te vinden, die *is* ook niet te vinden, tussen het verdrietige gevoel dat je ziekte veroorzaakt en ja, wat, de stiekeme hoop dat er een lange periode van weldadige kalmte aanbreekt, waarin je kunt doen wat je wilt doen.

Ik denk dat de bundeling van je essays weleens op een heel erg goed moment de weg naar de boekhandel gaat vinden, nu het politieke veld, zoals ze dat noemen, in amper een week tijd zo volledig van structuur veran-

* *Traag licht* is het slotdeel van de romancyclus 'Voorbij ik en waargebeurd' van Herman Franke. Het verscheen oktober 2010 postuum bij Podium.

derd is en er een klimaatsverandering op gang lijkt te komen. Het gaat me zo'n plezier doen om mijn bange voorgevoelens in te mogen of moeten ruilen, ik verlang naar een ongelijk, ik verlang naar een Nederland waarin Wilders' waanzinnigheid breed wordt gevoeld.

○

Gisteren grote schoonmaak, de voorjaarsschoonmaak, voor het eerst in lange, lange, lange, lange tijd extreem neurotisch met borsteltjes zelfs het stof tussen de planken van de vloer uitgeborsteld, alles gepoetst, geboend, opgewreven, ramen open, frisse lucht naar binnen. Bij gezongen. Wc's geschrobd, smerig karweitje. Vensterbanken, kleden, alles tot het blonk, heerlijk.

Lieve Herman, ik ga deze brief afronden. Heb een goede zondag, een goede week, groet Carla van me, en Anne, als je haar ziet. Veel liefs voor jullie allemaal van mij en Bebek.

Een omhelzing, Manon

○

Komt toch nog een stukje achteraan, Bebek heeft nu zoveel dagen geen zet ontvangen dat we er vrij zeker van zijn dat je weer in het ziekenhuis bent, maar blijven hopen dat dat niet waar is.

Van lezen in *Zeroville* van Steve Erickson is niets gekomen, ik worstel me vol ergernis door een boek van John Gardner, *On Moral Fiction** – dat vooral interessant is omdat ik het op bijna geen een pagina met hem eens ben. Wel opent hij zijn boek met een mooi wrang verhaal dat ik niet kende:

'It was said in the old days that every year Thor made a circle around Middle-earth, beating back the enemies of order. Thor got older every year, and the circle occupied by gods and men grew smaller. The wisdom god, Woden, went out to the king of the trolls, got him in an armlock, and demanded to know of him how order might triumph over chaos.

"Give me your left eye," said the king of the trolls, "and I'll tell you."

Without hesitation, Woden gave up his left eye.

"Now tell me."

The troll said, "The secret is, *Watch with both eyes!*"'**

* John Gardner, *On Moral Fiction,* Basic Books, 1978.

** 'In vroeger tijden werd gezegd dat Thor elk jaar een cirkel rond de Middenaarde maakte, om de vijanden van de orde terug te slaan. Thor werd elk jaar ouder en de cirkel die door goden en mensen werd bezet steeds kleiner. De god van de wijsheid, Wodan, ging naar de koning van de trollen, nam hem in de houdgreep en wilde van hem weten hoe orde over chaos zou kunnen triomferen.
"Geef me uw linkeroog," zei de koning van de trollen, "dan vertel ik het."
Zonder te aarzelen gaf Wodan zijn linkeroog.
"Vertel het nu."
De trol zei: "Het geheim is: *kijk met beide ogen!*"'

Lieve Herman, laat niet waar zijn wat ik vrees, heb geen pijn, wees gewoon thuis, in die stoel, met je laptop, in die prettige kamer in Amsterdam.

tot snel, veel, veel goeds
Manon

*Amsterdam, 18 maart 2010*

Lieve Manon,

Wat een brief! Ik voel me zeer vereerd door zoveel vertrouwelijkheid. Ik neem me nu sterk voor vandaag of morgen wat uitvoeriger te antwoorden want door die strontium voel ik me een stuk beter de laatste weken. Als het me niet lukt, moet je wel weten dat jouw medeleven me zeer dierbaar is. Ik kan je nu wel vast verklappen dat jij nog veel mooie boeken zal schrijven, ondanks of juist door de tegenslag die je nu voelt. Ik begon pas echt toen ik zo oud was als jij nu!

Zaterdag moet ik weer naar het ziekenhuis voor een bloedtransfusie maar als het goed is kom ik dezelfde dag weer thuis. Dus dat is niet erg. Bebek heb ik inmiddels van een tegenzet voorzien. Wat een lentedag. Ik heb me vandaag in een rolstoel (!) door het Vondelpark laten rijden. Over hoe de mensen naar je kijken in die positie hoop ik je te schrijven in het antwoord op jouw brief (brieven).

Liefs,
Herman

*Holle Bilt, 22 maart 2010*

Lieve Herman,

Sorry dat ik zo laat reageer op je brief, je vrolijk stemmende brief, dat je je in een invalidenwagentje door het zonbeschenen Vondelpark hebt laten rijden – en je goed voelt. Ben ik blij om, opgelucht, en in die opluchting zak ik dan meteen weer de drukte van mijn eigen leven in, Bebek en ik hadden het hele weekend de kinderen van mijn zusje hier, ze zijn vijf en tien, en lief en grappig en doodvermoeiend en – omdat ze ook wel voelen dat het thuis even echt heel moeilijk is – enigszins op hun hoede.

Ik weet dat er ergens een vrijdag was, ze kwamen binnen, ik was doodmoe, en nu is het maandag, ze zijn gisteravond laat opgehaald, we hebben ze zaadjes laten planten in door Bebek speciaal gemaakte plantenkasjes (die straks boordevol pompoenplantjes, courgettescheuten en tomatensteeltjes zullen zitten), die kasjes werden gisteren gemaakt, buiten, in de zon. We zijn naar een tuincentrum geweest om planten te halen, konden bij thuiskomst meteen een uit elkaar getrokken muis verwijderen; vonden de jongens bloedspannend, vooral Menno, die zich nog afvroeg of die delen van de muis op sterkwater konden (hij heeft thuis sterkwater, een kastje met dode beesten, skeletjes, het meeste wordt aangevoerd door Bebek). Er moest voortdurend gegeten worden, daarna moest er weer gegeten worden, mijn broer kwam langs (niet die van de auto-immuunziekte maar een andere), die vertelde dat hij dacht dat hij een attaque had gehad, omdat hij in het weekend twee keer alle gevoel in zijn onderkaak en lippen verloor, zijn tong, dat hij zich *heel raar* voelde, toen zag hij, tijdens het kijken naar de tv (*Ik Hou van Holland*), ineens twee tv's. Eén steeg op richting plafond, de andere kwam naar beneden, *weer* die gevoelloze mond, dat rare, wezenloze gevoel, 'bel de dokter maar,' zei hij, '112' – er kwam hulp en nu denken ze dat het een zeldzame bipolaire migraine is (levert geen hoofdpijn op, kan wel, in sommige gevallen, leiden tot werkelijke herseninfarcten). Herman, ik besef, in de volle betekenis van het woord 'beseffen', dat die verhalen over ziektes en gebeurtenissen in mijn familie een hoge graad van ongeloofwaardigheid hebben, dat ze bizar zijn in hun opeenvolging, gelukkig heb ik Bebek als getuige, mocht je ooit de behoefte voelen dit na te gaan, ga je gang, het zou me opluchten omdat ik zelf denk 'wat een mandje met stoornissen', en soms – misschien ben ik enig kind, en heb ik die hele familie *verzonnen*.

Hij (broer) is dus vandaag naar de arts voor uitgebreid onderzoek, want gisteren, bij ons op Holle Bilt, kreeg hij opnieuw zo'n aanval, en zag heel bleek. De andere broer, die van de auto-immuunziekte, knapt ondertussen lekker op dankzij zijn vitamine B12-injecties, ik moet dat boek 'mijn-familie-aan-de-hand-van-ziektegeschiedenissen-en-ongelukken' toch eens schrijven.

Hoe dan ook, ik ben blij dat je je goed, beter voelt, beter dan eerst, goed genoeg om te werken, om de lente te kunnen voelen.

Ik heb afgelopen donderdag mijn hart, dat bezwaarde, zware hart, maar eens uitgestort bij Bebek, plek was niet handig, restaurant van V&D, waar we een haastmaaltijd naar binnen werkten, want ik kreeg meteen enorme huilbui, maar kon die met veel geveeg met doekjes, servetjes en onder de tafel rommelen nog enigszins verbergen voor de rest van de eters, die toch te druk waren met hun teriyaki.

Maar was wel fijn, en nodig ook, want ik stond op ontploffen. En toen merkte ik dat ik doodgewoon verdrietig ben.

Tja, zou Martin Bril zeggen.

Daarna was het niet weg, integendeel, verdrietig naar huis gegaan, maar niet meer zo eenzaam. Dag daarna gewerkt aan stuk voor *Tirade*, over Akutagawa.* Had er erg weinig tijd voor en is vooral nog introductie, maar vandaag gewerkt aan uitbreiding ervan en tevreden, al komt die uitbreiding niet in *Tirade*. Later, in een andere context, andere omgeving.

Met mijn neefje aan zijn magnum opus 'De Wraak van

* De Japanse schrijver Ryûnosuke Akutagawa (1892-1927).

de Horrorplant' gewerkt. Hij is gefascineerd door mijn schrijverschap en wil zelf per se schrijver worden, naast specialist in vleesetende planten, wetenschapper, paddenstoeldeskundige en nog veel meer. Of het mogelijk is, of het *mag*, dat kinderen een boek publiceren. Het is een spannend verhaal, dat ie gemaakt heeft. Over een plant die een mensenlichaam over kan nemen (het doet in de verte aan het sf-verhaal *Hothouse** denken, waarin een fungus parasiteert op een mensenbrein). Daarom wordt het zaadje ervan angstvallig bewaakt (en zit het veilig weggestopt), dan volgt een heel leuke opsomming: in kistje van titanium, kistje van lood, kast met slot, daaromheen infraroodsensoren, beveilingsrobots, grachten met piranha's en haaien en daaromheen kuilen met woeste honden, in een perfect samengaan van oude en nieuwe elementen, daarna volgt een hoofdstuk met verschrikkelijke gevechten en bloedige strijd, dit om zo veel mogelijk mensen te bevrijden uit de gevangenis, om daarmee later het zaadje te kunnen stelen. Flink gedetailleerd allemaal, en hier komt de informatie van een ander, ouder neefje om de hoek, die zijn kennis van wapens heeft geventileerd. Glock 17, magnum weet-ik-veel, alles met naam en toenaam. Heb geprobeerd te helpen met de tekst door relevante vragen te stellen, was leuk om te merken hoeveel plezier hij had in de verbetering van de logica.

* Brian Aldiss, *Hothouse/The Long Afternoon of Earth*, Faber and Faber, 1972.

Heb zelf lang nagedacht over zijn antwoord op mijn vraag of ze het zaadje zouden veroveren 'met een sluw plan' (mijn voorkeur), of 'met grof geweld' (zijn aanvankelijke keuze). Hij aarzelde. 'Je kan het ook allebei doen,' zei ik, 'dan doen ze eerst...'

Vulde hij zelf al aan: 'het sluwe plan, dat mislukt, dan gebruiken ze grof geweld.'

Lees bij Isaac Babel in het mooie verhaal 'Elia Isaakovich and Margarita Prokofievna' dat de mensen van nature goed zijn. ('People are good. They've been taught to think that they are evil, and they ended up believing it.'*) En in Charles Taylors *Sources of the Self* dat: 'The roots of respect for life and integrity do seem (...) to be connected perhaps with the almost universal tendency among other animals to stop short of the killing of conspecifics. But like so much else in human life, this "instinct" receives a variable shape in culture. And this shape is inseparable from an account of what it *is* that commands our respect. The account seems to articulate the intuition. It tells us, for instance, that human beings are creatures of God and made in his image, or that they are immortal souls, or that they are all emanations of divine fire, or that they are all rational agents and thus have a dignity which transcends any other being, or some other characterization; and that *therefore* we owe

* 'Mensen zijn goed. Ze hebben geleerd te denken dat ze slecht zijn, en zijn het uiteindelijk gaan geloven.'

them respect. The various cultures which restrict this respect do so by *denying* the crucial description to those left outside: they are ought to lack souls, or not to be fully rational, or perhaps to be destined by God for some lower station, or something of the sort.*

Heb hem (mijn neefje) gevraagd of de bewakers die vermoord worden in zijn verhaal (er gaan er tientallen stuiptrekkend dood) ook *schurken* zijn, of dat het mensen zijn met vrienden, kennissen, huisdieren, kinderen. Als dat laatste het geval is, dan heb ik wel medelijden met ze, als lezer, zei ik.

Hij keek me lang aan, verbaasd. Nee, het was niet de bedoeling dat ze erg menselijk waren. Het moest vooral

* 'De wortels van respect voor leven en integriteit lijken (...) verband te houden met de bijna universele neiging van andere dieren om niet over te gaan tot het doden van soortgenoten. Maar zoals een heleboel andere zaken in het menselijk leven krijgt dit "instinct" een veranderlijke vorm in de cultuur. En die vorm is niet los te zien van een verklaring van wat het precies is dat ons respect opeist. De verklaring lijkt de intuïtie onder woorden te brengen. Ze vertelt ons bijvoorbeeld dat mensen schepselen Gods zijn en gemaakt naar zijn evenbeeld, of dat ze onsterfelijke zielen zijn, of dat ze allemaal emanaties van goddelijk vuur zijn, of dat ze allemaal rationeel handelende personen zijn en daardoor een waardigheid hebben die elk ander wezen overstijgt, of een andere karakterisering; en dat we ze *daarom* respect verschuldigd zijn. De verschillende culturen die dit respect beperken doen dat door de cruciale beschrijving te *onthouden* aan degenen die buiten worden gesloten: ze zouden geen ziel bezitten, of niet helemaal rationeel zijn, of misschien door God zijn voorbestemd voor een lagere rol of iets van dien aard.'

een *spannend* verhaal worden. Heb voorzichtig geprobeerd een enkele bewaker te redden, maar helaas zijn ze allemaal afgeslacht op het strijdveld van zijn fantasie.

Verder gisteren naar prachtige film gekeken, *De klompenboom*. Boerenfamilies eind negentiende eeuw, Lombardije, levend op grond landeigenaar. Film volgt ze in de seizoenen. Traag en adembenemend. Eindigde triest met de verbanning van een van de gezinnen, omdat de vader een boom van de landeigenaar had omgehakt om er een klomp voor zijn zoon uit te snijden (dit weer omdat die jongen dagelijks zes kilometer op en neer naar school liep en terugkwam met een kapotte, gebarsten klomp). Was volstrekt niet sentimenteel gefilmd, en dit schrijnende element zat aan het eind, we hadden eerst meer dan tweeënhalf uur de gewone, dagelijkse hardheid van het boerenleven gevolgd (gefilmd met echte inwoners van die streek, echte boeren), toen kwam de vuistslag van de onnodige menselijke hardheid.

Maar mooie film, mooi gefilmd, kalm, rustig. Italiaans neorealisme.

Onder de daknok van het gebouw (stal) tegenover ons raam heeft vanmorgen een mannelijk staartmeesje zich gevestigd (vrouwtje niet gezien), we zagen duidelijk, mok koffie in de hand, hoe hij trippelde, keurde, inspecteerde, trots naar buiten kwam; *zijn* gezin zou een villa krijgen!

Ook gezien, nog geen uur geleden: bonte specht en een rennend konijn, en een koppel ganzen (er is er één verdwenen uit het troepje van drie dat een paar weken geleden nauwelijks nog zichtbaar was in de sneeuw, op hun snavels na).

Woensdag vertrekken we voor vijf dagen naar Rome. Op Google Earth heeft Bebek ingezoomd op het appartementje dat we hebben geboekt (in een schattig straatje in een eenvoudige wijk, dachten we).

'Soms is Google Earth niet goed,' zei Bebek toen we keken naar een mistroostige steeg, een hoek met een muur met prikkeldraad. Ergens zijwaarts, verborgen, iets dat leek op een gebouwtje waarin een appartment-voor-verhuur zou *kunnen* zitten, maar dat net zo goed een lokale basis van de Camorra (of is dat alleen Napels?) kan zijn.

Dondert niet, we gaan naar de St. Pieter (vieze katholieken kijken), naar Villa Borghese, naar de Caravaggio-expo (onlangs heeft hij Michelangelo van zijn troon gestoten als meest vermaarde en gewaardeerde Italiaanse kunstenaar), we gaan ijsjes eten en witte wijn drinken.

Lieve Herman, ik denk dat Bebek vanavond wel een zet de deur uitdoet, als hij dat nog niet gedaan heeft. Ik laat weer van me horen na Rome, hoop dat het een mooie, zonnige week blijft, dat je het Vondelpark veel zult zien, veel krokussen en voorbijgangers in korte rokjes, male or female,

lfs Manon

*Amsterdam, 25 april 2010*

ach lieve manon als je maar wel goed weet dat ik heel blij ben met je brieven en je zal bellen of terugschrijven zodra ik daar de energie voor heb. het is nu heel wisselend, maar de erge pijn hou ik er gelukkig wel onder. op ons balkon geniet ik wel degelijk van de lentezon, nou ja, met gemengde gevoelens natuurlijk.

veel liefs van
herman

*Tolsteeg, 27 mei 2010*

Lieve Herman,

Het is 10:47 uur en Bol.com heeft bij mij afgeleverd: *The Lamp of Memory*, *Unto This Last and Other Writings*, *The Seven Lamps of Architecture* and *Modern Painters*, alles van Ruskin. Veel van het werk ken ik al, maar soms is het zo'n plezier om het nog eens, in een andere band, in een ander kaft, met een andere introductie of in een andere volgorde tegen te komen. En dat niet alleen, het genot van een boek openslaan en weten daar zorgvuldige, aandachtig geformuleerde gedachtes tegen te komen die de eenzaamheid van het eigen denken openbreken. Bijvoorbeeld een stukje over Turner.*

'It is the most difficult, the most rare thing, to find in his works a definite space, however small, of unconnected colour; that is, either of a blue which has nothing to connect it with the warmth, or of a warm colour, which has nothing to connect it with the greys of the whole; and the result is, that there is a general system and undercurrent of grey pervading the whole of his colour, out of which his highest lights, and those local touches of pure colour, which are... the keynotes of the picture, flash with the peculiar brilliancy, and intensity in which he stands

* Uit: John Ruskin, *The Elements of Drawing*, Dover Publications, 1970.

alone (...) Wherever Turner gives blue, there he gives atmosphere; it is air, not object.'*

Ik kan je niet uitleggen en hoef je ook niet uit te leggen, zo wordt lezen een religieuze ervaring, het jubelt in me, en nu ik het woord jubelen gebruik moet ik meteen denken aan de Sagrada Familia van Gaudi, ook dat was jubelen, maar dan uitgedrukt in steen. Maar dat jubelen is ook een gevoel van honger, van gulzigheid, van opstandig verzet, op zulke momenten komt het gevoel uit mijn jeugd terug, dat je je dwars door de wereld en de dingen heen zou willen drukken, omdat er daarachter, daarachter... een schim, een Ding, een lachend, gretig gezicht, met een brede grijns en wijd uit elkaar staande tanden, in de lust, de liefde, de overgave, het mededogen, in het eten, het drinken, het slapen tegen elkaar, het gefluit van de vogels, het slaan, het bijten, het schijten, pissen, ruiken, bloeden, aanraken, steeds is het er, je voelt de lach door de dingen en de ervaringen heen, ik

* 'Alleen met de grootste moeite en uiterst zelden is in zijn werk een duidelijk afgebakende plek te vinden, hoe klein ook, van een niet-samenhangende kleur; dat wil zeggen, hetzij van een blauw dat geen enkele samenhang heeft met de warmte, of van een warme kleur die geen enkele samenhang heeft met de grijzen van het geheel; en ten gevolge daarvan is er een algemeen samenstel en onderstroom van grijs die al zijn kleur doordrenkt, waaruit de lichtste delen, en die enkele toets van zuivere kleur... die de grondtonen van het schilderij zijn, opschitteren met de buitengewone glans en intensiteit waarvan alleen hij het geheim kent (...) Waar Turner blauw aanbrengt, daar brengt hij sfeer aan; het is lucht, geen object.'

loop met Bebek langs de bootjes bij Krk*, het water slaat tegen ze aan, het water dat een beetje stinkt, naar vis, olie, vuil, planten, naar het dode en het levende, dat slaan van het water maakt een bepaald geluid, de wolken drijven erboven, de pijnbomen scheiden een speciale geur af, het water rimpelt en is van zijde en ik wil iets, ik wil er iets mee, en ik wil er iets van. Wat? Dat het mij erkent? Ja, het liefst zou ik horen, ondervinden, merken, dat diezelfde honger en gretigheid van mij naar de dingen, de wereld, de gedachten, in die dingen, in de wereld, de gedachten aanwezig is, dat de zee, de bootjes, de wolken, de vogels zich met eenzelfde kramp bewegen, ik kan het niet anders uitleggen, Borges kon dat goed, de tempel van de tijd met woorden schragen en uiteenslaan, het gebouw openbreken, je erin binnenlaten, de wanden bedekt met de werken van de mensen, alleen met dat historische besef, het gevoel dat je je beweegt tussen miljarden anderen in een enorm gebouw, dat je vervaagt tijdens dit bewegen, dat je bent zoals de kleuren in het werk van Turner, oplossend en vervagend maar zonder jouw coloriet geen beweeglijkheid, geen licht, geen kleur.

Heb ik je al geschreven Herman, dat ik je vreselijk zal missen? Waar ga ik in mijn vriendenkring nog iemand vinden die kan wat jij kan, is zoals jij bent? Die ga ik niet meer vinden, die vindt mij niet meer.

Ik ben op dit moment op Tolsteeg, hier gisteren op de

* Een van de Kroatische eilanden.

fiets naartoe gereden, bizar dat een fiets me zo'n gevoel van vrijheid teruggeeft. Lig je nu in de kamer met het zonlicht?

○

Weer ochtend. Gisteren mijn fietsverkenningen voortgezet, door Utrecht, van Tolsteegsingel over de Nieuwegracht en Pausdam richting Maliebaan naar de Holle Bilt, door naar De Bilt, toen door naar Zeist, want ik wilde een schrijfmap, hadden ze nergens in De Bilt. Was mooie route al verdwaalde ik natuurlijk weer, al fietsend viel me op hoe ongelooflijk veel autoverkeer er is (ik heb denk ik zo'n jaar of acht niet meer echt gefietst), en hoe goed de fietspaden zijn, met fietsrotondes en overal borden en aanduidingen, je moest echt je best doen om de weg kwijt te raken, maar ik blijf een nerveuze fietser en heb al mijn aandacht nodig voor het ding zelf, en voor het verkeer, ik schrik me steeds de pleuris als iemand me van rechts inhaalt, en dat gebeurt veel, dan zit ik te sidderen op het zadel, tegelijk is het echt genieten, kreeg even helemaal het gevoel van de beginjaren met Iris en nog daarvoor, toen ik vaak langs de Lek fietste, of uit Schalkwijk waar ik woonde, en dan maakte ik hoogzwanger de fietstocht naar het huis van mijn ouders in Nieuwegein-Vreeswijk. Hoe verschrikkelijk ik Nieuwegein ook heb gevonden, dat was mooi, het slingerende lint van de Lek, de boten, de dorpen, het zwemmen in de zomer, en de eindeloze brommerritten, ik natuurlijk achterop. En met Iris en Bebek, in de beginjaren, nog geen auto, Iris achterop bij Bebek of bij mij, en zingen, heel hard zingen, op de fiets is de enige plek waar je als mens luid kan zingen zonder een volslagen idioot te worden. Herinner me ook nog een verjaardag van Iris, we vierden het met een hoop kleine meisjes en jongetjes in een pannenkoekenrestaurant, bij Bebek achterop zat het hartsvriendinnetje van Iris, Didi, en die was toen zes of zeven, en smoorverliefd op Bebek, ik zie nog hoe ze haar mollige armpjes krampachtig om hem heen had geslagen, haar wang dicht tegen zijn rug gedrukt, en die zweverige, hemelse blik.

Gisteravond naar *Netwerk* gekeken waar Rutte zich opwond over een verkeerde berekening van de effecten van de voorgestelde maatregelen en ingrepen van de VVD. Hij was woedend. Het vervelende is dat je er op zo'n moment gewoon niet achter komt wie er nu gelijk heeft. Waarom wordt zo'n berekening niet opengebroken? Maar al die economen spreken elkaar tegen, al die berekeningen verschillen van elkaar. Daarna gekeken naar de arme Sieneke. Ze is niet door naar de finale van het Songfestival, maar ze deed het niet onaardig, een leuk kermisliedje, of voor een gezellige avond in een bierstube. Ze had een vriendelijk onnozele, goedmoedige uitstraling. Oprecht een lief meisje. Ze deed me aan mijn nichtje denken, een van de dochters van mijn zus van moederskant, de zus die zo'n goede hand van beroerde mannen kiezen had/

heeft. Ik vraag me af wat er nu met dat meisje gaat gebeuren. Terug het kappersvak in? Of het schnabbelcircuit? De Sienekes worden er gewoon als groente doorheen gedraaid. Er zijn er genoeg van. Maar misschien ontwikkelt ze zich tot een niet onverdienstelijk zangeresje, je weet het niet, ik moet niet te cynisch zijn.

Verder lezend in Ruskin wordt me ook duidelijk waarom ik je essays zo belangrijk vind, ik ken in Nederland geen schrijver die de fictie en de essayistiek zo soepel en vanzelfsprekend verbindt, en beide dus openbreekt, misschien heb ik je dat al eens verteld. En denk nu niet dat ik je romans niet belangrijk vind, want daarin doe je eigenlijk hetzelfde, alleen in een andere verhouding. Ik hou erg van die onderzoekende manier van schrijven en denken. *Shit, shit* Herman, wat zal ik je ook als schrijver missen. Wie moet dat nu gaan doen?

Hier vlak boven me, op het dak, krassende pootjes van vogels, maar weet niet welke. Op de dakrand voor ons landt nog steeds af en toe een staartmeesje, maar het is niet duidelijk of dat 'ons mannetje' is, misschien is het wel een nieuwkomer. Spreeuw even niet gezien. Mowgli heeft zich vergrepen aan een muis, en een lange kotssigaar voor Bebek neergelegd (niet voor mij, want ik was nog op Tolsteeg), een sliert vol haar en zooi, we vroegen ons al af of hij zoveel konijnen aankon zonder ooit zo'n klont uit te spugen.

Het is nog vroeg, het lijkt een mooie dag te gaan worden, met zon. Ik zie geen bewolking. Herman, ik bouw met deze brieven een papieren vesting, daarachter ben je in het zonlicht, heb een mooie dag, ik vind het jammer dat we onze vriendschap niet verder zullen kunnen uitbouwen, en ik wil het niet in iedere brief hebben over wat komt, maar tegelijk denk ik bij elke brief die ik nu stuur, fok, het kon weleens de laatste keer zijn dat een brief je bereikt, en ik verzet me (kinderachtig) tegen de clichés van 'laatste dingen' zeggen, vooral als er een eindeloze rij 'laatste dingen' komt – tegelijk dwingt zo'n bezoek als afgelopen zondag me na te denken over het afscheid, en dingen als: heb ik dan alles gezegd? Heb ik je voldoende bedankt voor je vriendschap? Eigenlijk wil ik je een heleboel dingen vragen, maar die zijn bizar en raar, of je bang bent voor de dood, of je tevreden bent over je leven, over wat je hebt gedaan, hebt kunnen doen, of je Carla alleen durft te laten, en Anne, of je je geliefd genoeg voelt om te durven sterven, straks, als het moment daar is, of je boos en opstandig bent of niet meer, of het de moeite waard is, Herman, ik mag dat soort vragen niet stellen, het is die akelige kloof weer – en jij bent altijd zo gesteld geweest op je privacy, ook je privacy van denken, en ik ben bot.

Binnenkort schrijf ik voor de IKON een brief aan mijn jongere ik. Had het er met Bebek over, wat zou ik echt anders doen, dus welke 'tip' kon ik mijn jongere ik geven. Ik vrees dat ik haar weinig kan vertellen, als er één ding is dat ik heb geleerd in een wat ander licht te zien, is het de nieuwsgierigheid, ik weet nu beter dat daar ook een prijskaartje aan hangt, dat er niets is wat je leert en ziet zonder dat je verandert, ik zou haar zeggen: je betaalt voor je nieuwsgierigheid, je krijgt kennis die pijn doet.

○

Holle Bilt. Naar buiten gegaan, het heeft net geregend, het is nog vroeg, en Herman, het ruikt zo lekker, zo'n frisgroene sappige geur, zo'n troostende geur, alsof het muziek geregend heeft, de geur komt binnen als regen in je binnenste, het is fris, bijna koud, maar zo'n frisse kou, ik zit op een tuinstoel, het is eigenlijk te koud, en ik denk na over een ding, iets wat ik je nog wilde vragen, je had het er de afgelopen keer over, hoe mensen zich aan je opdringen om nog iets af te sluiten, vooral voor zichzelf, en hoe relaties niet meer kunnen worden uitgebouwd, en ik moet je nu vragen wat ik al een tijdje denk, dring ik met deze brieven niet te veel je leven binnen, is het geen stelen van Carla, van Anne, je allernaaste naasten dat ik me zo tot jou richt, en moet ik niet afscheid nemen van dit schrijven, begrijp me goed, Herman, zolang jij deze brieven nog graag leest schrijf ik ze, maar alles wat de mens doet is ook en vooral op zichzelf gericht, ze gaan over mij, niet over jou, je kan er weinig meer aan toevoegen, we zijn met deze brieven niet in gesprek, ik schaam me eigenlijk, de schaamte van de schaamteloos levende, we kennen elkaar al heel lang, in al die jaren zijn we veel over elkaar te weten gekomen, jij meer over mij dan ik over jou, maar toch, ook jou ken ik een beetje, en altijd is daarbinnen een soort afstand bewaard gebleven, de afstand van de tact, de fijngevoeligheid, zeker van jouw kant, naast een krachtige openhartigheid en nietsontziende eerlijkheid, maar ik vergis me misschien, en het is goed mogelijk dat ikzelf ook altijd een kleine afstand heb ingebouwd, een ruimte om me weer in terug te kunnen trekken, mocht mijn vriendschap niet bevallen, niet voldoende zijn, gebrekkig van kwaliteit, omdat ik vaak vergeet, de schaarse vrienden liggen als stenen op de bodem van een rivier, daar liggen ze, denk ik, ik kan er altijd naartoe duiken, we weten te veel, je bent te intelligent om niet te weten dat al het akelige, pijnlijke wat over mijn motieven je zo uitvoerig te schrijven gedacht kan worden, tot het mogelijke behoort, en je vertrouwt me hoop ik voldoende om te weten dat er daarnaast nog heel wat andere motieven zijn, dat je mijn oudste en eerste schrijfvriend bent, dat ik je altijd wel geschreven heb, al waren die brieven heel wat korter, misschien is dat wel het beste wat een vriendschap te bieden heeft, het openbreken van jezelf en je eigen denken, daarbinnen sluipen en nestelen zich de visie en opvattingen, het denken en voelen van de ander, een ander gezichtspunt, en het verruimt je, maakt je groter, breder, de wanden van je bestaan vallen weg en die ander vestigt zich – en nooit is het meer mogelijk om over iets te denken, naar iets te kijken, iets mee te maken of te doorgronden zonder dat die ander even om de hoek komt kijken, die je duwt en prikkelt om nog een kant te zien, je visie bij te stellen, of om in prettige eensgezindheid naar de wereld te kijken. Ik ben zo blij dat jij het bent die die ruimte inneemt, en haha, ook trots, omdat jij het bent die die ruimte inneemt, daarom schrijf ik je ook, ik vind dat je moet weten (het is ook prettig, denk ik) wat je betekent. We zijn nooit met elkaar naar bed geweest, seks heeft in die zin geen rol gespeeld, en daar ben ik blij om, want dat had de boel ernstig vertroebeld, dan had ik je met huid en haar willen verslinden en had jij me afgestoten vanwege die parasieterigheid, dat piranha-achtige waar Bebek gelukkig tegen bestand is. Tegelijk ben ik me ervan bewust dat het feit dat ik je nu alleen schrijf, en jij niet meer kunt antwoorden, een soms stuitende openhartigheid oplevert, je geeft immers geen grens meer aan. Misschien ben jij stiekem wel trots dat je dat voor elkaar krijgt. Ja, zo doen mensen heel wat om niet alleen te zijn, om zich niet het waardevolle uit de handen te laten grissen, alsof het ooit ook maar voor een moment in die handen heeft gezeten. Hoe dan ook, die grens wordt door jou niet meer aangegeven en ik schrijf je dus. Het is bizar en vervreemdend om je te zien, met een morfinekastje, met een lichaam dat zich als een schaduw van je af beweegt en toch aan jou verbonden is, een schaduw die steeds langer wordt. Ik vrees het meest de stilte, straks, maar die stilte is er al meer en meer, tegelijk ben ik vertrouwd met die stilte en vrees ik haar minder dan vroeger, we drukken ons uit in onszelf, Mowgli ligt op de bank voor pampus, ik spring straks op de fiets naar Tolsteeg (als een groothertogin begeef ik me van huis naar huis, of nee, eerder als de Markies van Carabas). Blijf uit de klauwen van de pijn, Herman, en in de handen van het leven, en wees niet boos op mij als ik probeer een vreselijk en altijd onverwacht bericht voor te zijn door je alles te zeggen wat ik zou willen zeggen aan een vriend die door omstandigheden die afschuwelijk en niet gekozen zijn, de tijd en ruimte heeft om te lezen wat ik schrijf.

Ook stel je me voor een raadsel, hoe kan het dat je nog steeds je gouden lokken hebt? Dat iets van jou dat van een jongetje is gebleven? Ik kijk naar het ruisende gras en ik ben bang, Herman, het is het ruisen en vegen van iets verschrikkelijks,

Manon

Ps. Je bent een van de weinigen die door Bebek, altijd zuinig met zijn vertrouwen, wordt vertrouwd, het is ontzettend belangrijk geweest voor ons, voor hem en mij, hoe jij je met betrekking tot *De spelers* hebt opgesteld, ik had een verdediger nodig, en Bebek iemand die zijn pijn begrijpt, daar wil ik je ook voor bedanken.

*Amsterdam, 28 mei 2010*

Ja, lieve Manon, jouw ontroerende brief (de laatste alinea's...) vanmorgen deed mijn nieuwe bloed nog eens extra goed, maar dit bericht over Adri* dempte de vreugde. Verschrikkelijk. Carla trok ook wit weg toen ik het haar vertelde. Een onaanvaardbare gril van het lot. Arme Mirjam en Adri, dit is niet te dragen, ik prijs me bijna gelukkig vergeleken met hen. Veel liefs van mij,

* Op 23 mei 2010 overleed Tonio van der Heijden, zoon van Adri van der Heijden en Mirjam Rotenstreich, aan de gevolgen van een verkeersongeval.

*Amsterdam, 9 juni 2010*

Lieve Manon,

Wat een prachtstuk heb je over mijn werk en mij geschreven voor *De Gids*.* Ik kreeg het eind vorige week toegestuurd, maar het is uit schroom dat ik nu pas wat van me laat horen. Welke schrijver maakt het nog mee dat er zo consciëntieus over zijn werk geschreven wordt? Meer behoor ik er niet over te zeggen, vind ik. Gelukkig gebeurde er vandaag iets waarmee ik epistolair wel uit de voeten kan. Eerst bleek onze geiser kapot, dus geen douchen, terwijl de dame van de buurtzorg al klaarstond met het washandje en ik op de douchestoel bibberend zat te wachten op de warme straal. Buiten regende het zo hard dat ik er bang van werd. En terecht.

Net toen ik weer op bed lag, barstte een heuse wolkbreuk los boven Amsterdam en na pakweg tien minuten stroomde het hemelwater via de zijkanten van het dakluik mijn kamer binnen, precies boven op mijn ziekenhuisbed, en het stroomde maar door... ik maakte me op mijn vierpotige kruk uit de voeten vol angst om te vallen (gelukkig doe ik sinds enkele dagen oefeningen om mijn benen wat op kracht te brengen want anders was ik misschien ook nog uitgeglibberd) terwijl Carla met

* *De Gids*, jaargang 2010, nr. 4.

emmers en teilen probeerde te redden wat er te redden viel en de thuiszorg verbijsterd maar werkeloos (niets over geleerd op de cursus) toekeek. Wat een ellende Manon. Ik vond jankend van paniek een veilig heenkomen op een logeerbedje op mijn werkkamer. Toch is nu alles weer opgeruimd en in oude staat hersteld. Carla viel na de klus eindelijk in een welverdiende slaap die tot nu voortduurt. Qua pijn en zwakte gaat het verder wel stabiel met me gelukkig. Straks stemt Carla voor mij op Job Cohen bij wijze van offer, opdat ons nog meer klein leed boven op het al zo grote bespaard zal blijven. Zie, zomaar een heus e-mailtje van de terminale schrijver!

Veel liefs,
Herman

*Bundesautobahn, 11 juni 2010*

Lieve Herman,

Dank voor je mail, je hebt me daverend laten lachen én huilen, en ik moest snel antwoorden, want we zaten in Kroatië en het was al nacht. Deze brief schrijf ik op de achterbank van de Rover, ik zit naast Bruno, zoontje van vrienden van ons, zijn vader bestuurt de auto, Bebek zit naast hem, we zijn afgelopen maandag op stel en sprong afgereisd naar Bjelovar (een provinciestadje in Kroatië) omdat de vader van Suzana (Peters vrouw)* was overleden. Een rit van 15 uur, 's ochtends in alle vroegte eerst nog naar Amsterdam om daar mijn paspoort, dat klaarlag voor de visumaanvraag naar Vietnam, weer op te halen en reis wat te verzetten. Allemaal gelukt, kwamen diep in nacht (04.00 uur) aan in Bjelovar, daar de hele dinsdag gebleven, aan het eind van de dag reden Bebek en ik door naar Dobrinj, een dagje rust en weer terug. 's Avonds verkiezingen gevolgd via politiek 24 op internet. Daarvoor een duik in de zee bij Malinska, een klein havenplaatsje, en een maaltijd in een restaurant dat was gevestigd in een van die prachtige oude kapiteinshuizen, diepe tuin, groene luiken, zuilen, stenen balustrades en lijstwerk,

* Suzana Đođo, partner van Peter Abspoel. Haar vader woonde in Bjelovar, Kroatië.

tjilpende vogels, sluimerende katten. Zijn blijven hopen, toen we terug waren in huisje Dobrinj, dat PvdA overtuigend grootste partij zou worden, en heb met lede, lede ogen aangezien dat PVV er 24 zetels uit heeft gesleept en de VVD toch de grootste partij dreigt te worden. Wat dat betreft reis ik terug met een knoop in mijn maag. In Kroatië noemen ze de partij van Wilders de anti-islampartij. Enfin, we hebben het gevolgd, er was niks aan te doen, en dan was daar ook ineens jouw mailtje, met de even hilarische als verschrikkelijke beschrijving van je dag gisteren. Ik heb vreselijk moeten lachen, maar er zat wel een grimmig hikje tussen, godverdomme Herman! Is alles nu weer een beetje redelijk in de kamer, heb je een veilig onderkomen? Geef mijn liefs en een omhelzing aan Carla, ook van Bebek. Lieve Herman, later meer.

Een mooie dag, liefs, Manon

*Tolsteeg, 12 juni 2010*

Lieve Herman,

Nog een oudere brief, zat vast in de laptop voor de reis naar Kroatië. Veel liefs en veel groeten ook van Bebek! Hij is niet afgerond, de gebeurtenissen haalden me in. Heb een mooie, pijnvrije, kalme dag.

Manon

Lieve Herman,

Ik worstel met het stuk voor *De Gids** en probeer te doorgronden waarom ik ermee worstel, is het omdat ik het moeilijk vind iets over je werk en de impact ervan te zeggen? Dat heb ik eerder gedaan, in *De Revisor*, en daar had ik toen geen probleem mee, is het omdat ik, al lezend en herlezend, dingen die je hebt geschreven in een ander licht zie, omdat we nu allebei in een ander licht staan? Is het omdat ik weet dat je niet wilt dat er verwezen wordt naar je ziek zijn? Is het omdat ik je persoonlijk ken en op dit moment de vriendschap belangrijker vind dan je werk, maar het tegelijk de vriendschap is in je werk die ik zo waardeer?

* Zie pag. 92.

Het is vandaag, zoals je zelf ook zult hebben gemerkt, een koude, druilerige dag, ik ben nog erg van slag door het bericht van de dood van Tonio, de zoon van Adri en Mirjam, het diepe smerige gat waar deze twee mensen in tuimelen, het grote verlies. Gisteren gingen we naar Peter en Suzana en daar hoorden we dat de vader van Suzana niet meer beter zal worden, ze is vanmorgen opnieuw per vliegtuig naar hem afgereisd, en Herman, ik ben een beetje in de war. Ondertussen lees ik dat huiveringwekkende *De Welwillenden* uit, en vind ik in jouw *Zoek op Liefde* een mooie passage over de dood, het verschil tussen intieme en anonieme doden:

'Het komt misschien omdat intieme doden elke dag opnieuw doodgaan, jaar in, jaar uit, en elke dag wordt de pijn iets minder totdat het op een bepaald niveau blijft hangen; weg gaat het nooit. Ze herbevestigen keer op keer hun dood in je bewustzijn, terwijl anonieme doden, doden die je voor het eerst op een foto ziet, pas doodgaan op dát moment, voor het eerst als het ware, je voelt de schok nog (...) Bij anonieme doden word je gedwongen te beseffen dat iedereen doodgaat, bij intieme doden word je gedwongen te aanvaarden dat zoveel anderen nog leven.' Ik wilde stoppen maar dat kon ik niet meer: 'Misschien is het juist ook wel andersom (...) Intieme doden blijven in je onderbewustzijn, je hoeft maar met je vingers te knippen of ze staan weer voor je, je voelt hun aanwezigheid weer, je hoort hun stem weer. Je hebt ze daar op de bodem van je ziel een zitplaats gegeven.

Daarom is de gedachte dat ze helemaal niet meer bestaan, niet zo schokkend, want ze bestaan dus eigenlijk nog wel. Bij anonieme doden voel je veel sterker dat ze echt dood en verdwenen zijn en juist daarom wil je er niet aan, juist daarom kun je je dat zo slecht voorstellen.'

Hoe het komt, weet ik niet, maar evenzeer als het lichaam ons vraagt te leven, leven, omdat het dat wíl, en evenzeer als onze levenswil verbonden is, geklonken aan dit lichaam, maar zich er ook los van kan scheuren, lijkt de geest ons te vragen om te blijven onderzoeken wat het verband is, de noodzaak, het nut, het waarom, de betekenis, de opdracht, de zoektocht, de reden, het doel... en je kan nog zo hard proberen te roepen dat die vragen puur en alleen het roestig laagje vormen op onze ijzeren levenswil – dat zonder die ijzeren levenswil, die stuwende kracht, die vragen er helemaal niet zouden zijn, of dat ze niet te beantwoorden zijn, dat het in die zin 'ieder voor zich' is, of dat het de gedeelde wanhoop is, die het antwoord vormt, dat het alleen de liefde en het mededogen is, een kracht die ons soms optilt en ineens is het niet meer onze eigen roestlaag, maar die van een ander die we zien, en het brokkelend ijzer daaronder, en in ons wellen verdriet en medelijden op, toch blijft het steken, want die liefde is niet tastbaar, kan niet bewaard worden. Is dat de diepte van het radeloze verdriet? De liefde die gegeven kon worden en plotseling naar ons terugvalt, we stromen over, maar er is geen bedding meer voor, degene voor wie ze bedoeld was kan haar niet meer ontvangen.

Zoals je als ouder overstromen kan van gevoel voor je van het leven beroofde kind, daar sta je, niets was nog verdord en opgedroogd, de liefde had een richting, er was een beker voor, en nu stroomt het en stroomt het, over de stenen, de aarde, het zand, de beker is kapot.

Nee, we zijn te concreet om een zuiver abstracte liefde aan te kunnen. We willen dat er een snorrend klein machientje voor is, dat het de vorm aan kan nemen van een kat, een vogel, een schubbig beestje (omdat we niet geloven dat alleen wat aaibaar is, geliefd kan zijn), dat het de gestalte van onze vader of moeder heeft, en precies die, en niet een andere, dat het het warme lichaam van onze vrouw, onze man is, dat er donzige, volle kloten aan hangen, dat de buik glad en hard is en van satijn, met een navelkuiltje waar onze vingertop in past, dat het díé ogen zijn, en díé neus. Dat het warme, volle borsten draagt die een beetje hangen, een kut die precies zó opengaat als je er je hand of lippen op legt, we willen dat het dit kind is, en geen ander, met dit rode haar, deze sproeten, deze vochtige mond, harde, bottige knieën, die stem, die plannen, die visie, die frisse en bruisende levenswil. Ik heb weleens geprobeerd van een idee te houden, maar pas als het idee een vorm heeft aangenomen is er de rest, dit kan kapot, denk je, en omdat het kapot kan, moet je het behoeden en bewaren, het komt maar één keer in deze gedaante, doet zich maar één keer in het oneindige voor in deze vorm op deze plaats en dit moment. En dat maakt alles uit. Dan kan het leven zelf, in alle algemeenheid, als abstract idee nog zo verspillend en verkwistend, nog zo overvloedig en rijk, of armetierig en beperkt zijn, het is tegelijk gebonden aan het steeds opnieuw kiezen voor 1 vorm op 1 plaats en 1 moment waarin het zich uitdrukt, en is die vorm, die organisatie er, dan houdt het abstracte idee van het leven op, moet het het hoofd buigen, want nu is er de vorm, vochtig of droog, vloeiend of vast, verlangend te bestaan en te blijven bestaan. Alweer zo'n eigenwijze vorm die zich niet kan overgeven, denkt het leven, en blaast alweer een nieuwe vorm, vergeet gewoon wat het al gemaakt heeft, maar zonder die vormen is er niets, niets, zonder die vormen ís er geen abstract idee. Het abstracte leven bestaat niet. En als het als abstract idee bestaat, in wiens hoofd dan? Zonder de mens geen ideeën, en zonder God geen abstractie. Ik ben in de literatuur en in de geschiedenisboeken al zoveel goden tegengekomen, maar steeds kwamen ze tot hun miezerige almacht door de wijzende, op het toetsenbord tikkende wijsvingers aan de hand van een mens van vlees en bloed. Nee, als er een god is, heeft deze almachtige een reusachtig lichaam, waar wij allemaal in passen, en bestaan wij net zomin als abstracties als dit gigantische, beweeglijke, amorfe lijf van tijdloze maar met tijd gevulde ruimte, licht en zwaartekracht.

Nou ja, zo ploeter ik voort, gevangen in mijn eigen vorm. Vanmiddag krijg ik ein-de-lijk mijn implantaten/kronen. Ik zal een gedeeltelijke Pnin zijn, en de lof zingen van het kunstmatige. Lieve Herman, heb een goede, fijne dag, ik zie zelf ook wel dat ik er nog zulke petieterige, gebrekkige filosofieën op na kan houden, maar één middag met een vriend, een vriendin, één blik op de bewegende handen en armen van Bebek, de blauwe aderlijnen over die armen en handen, de warme strakgespannen en toch soepele huid, of op het snorrend lijfje van Mowgli die zich als een kameel heeft uitgestrekt op de bank (kop helemaal plat, lijf zo vlak mogelijk, poten opzij, staart gestrekt en plat, alsof hij van een grote hoogte naar beneden is gevallen, maar zonder kwetsuren, een gevallen engeltje van bont, strak opgewonden instincten) of de frisheid van mijn eigen dochter, van Iris, en ik weet het weer: daar is het dierbare vlees, het zachte, kwetsbare vlees. Dat vlees begrijp ik.

Misschien dat dat het voor het eerst een beetje moeilijk maakt om iets over je werk te zeggen en te schrijven, ik denk aan jou als de schrijvende Herman, in zijn kamer, aan een schapenvacht, jus d'orange, aan Carla, aan jou terwijl je nog gewoon vliegt en zwerft in je gedachten en ik denk aan mezelf, toen ik je leerde kennen, hoe ik was, hoe ik toen dacht dat Podium, jij, Joost, Henk*, Ronald** en ik, nu ja, dat we misschien, misschien wel een kleine bende zouden vormen, musketiers, een nieuwe familie en dat ik me wel eens afvroeg: hoe zou het zijn over tien jaar, vijftien jaar? Net slim genoeg om te weten dat niets

* Henk van Woerden.

** Ronald Giphart.

blijft zoals het is – maar hóé het dan niet zou blijven zoals het nog moest worden? – en jong genoeg om te denken dat ik en ik alleen de slingerende planeten in hun baan zou kunnen houden, ik weet waar we stonden, bij de rechtermuur van het oude Podium, glas wijn in de hand, rode wijn, en knabbelend op nootjes en ik zal tijdens het gesprek zeker duizend keer mijn lippen hebben gestift, want ik wil in de werkelijkheid toch altijd graag ook duidelijk een vrouw zijn, trots en blij met al mijn vrouwenparafernalia, met de borsten, de billen, de buik, de kut, de ogen, de handen, de stem, de haren, het hele pakket, met het hele 'ding' van een vrouwenlichaam, al vind ik het ook vaak lastig omdat er tijdens het schrijven momenten zijn, veel en vaak, dat dit lichaam er niet toe doet, er niet is, en dat delen we met elkaar Herman, en dat is een gedeelde vergissing, want het lichaam is er wel, het is er altijd. Zelfs bij de meest cerebraal lijkende schrijvers is er, tot de eigen stomme verbazing, soms ineens het besef van dit lichaam. In het laatste, het uit nagelaten notities bestaande boek van Nabokov* is dit besef er ook weer, het is er bij Roth, ik kan niet eens beginnen met een lijst van schrijvers bij wie dit besef ineens doorbreekt, eerst is er meestal de vrouw die in het werk het lichamelijke vertegenwoordigt, de lust een pijl waarmee het weke vrouwelijke wordt doorboord, tot het lichaam dat van een Sint Sebastiaan is, kronkelend en doorstoken, en

* Vladimir Nabokov, *Het origineel van Laura*, De Bezige Bij, 2009.

dan, ineens, het zwarte, zware besef: maar ook ik ben het vlees! Mijn vader, hijgend op de bank, als een paard, de kaak wat uitgezakt, mijn moeder, liggend in bed, de meisjeshanden, de mooie kleine voeten met de hoge wreef. De ruimte die er overbleef in het huis, en toen was dat huis ineens alleen nog maar een holle, lege doos. Je kon je handen zo door hun oude ruimte steken.

o

Weet je wat het is, Herman, ik vertrouw al evenmin op mijn gevoel als op mijn denken, heb Adri en Mirjam een condoleancebriefje geschreven, durf het nauwelijks te sturen, wat moeten ze ermee in hun radeloze, peilloze verdriet? Godzijdank, denk ik, Iris is er nog – en stompzinnige dingen als 'afkloppen, afkloppen!' Overal wordt gegraaid, overal wordt geroofd. Wat heb ik geluk gehad met mijn ouders, dat ze een leven konden voltooien, dat wat uitgesproken moest worden, uitgesproken is, en wat niet kon fluister ik tegen mezelf. Maar ze hebben hun leven voldragen, het is ze niet uit de handen gerukt. Je kan niet elke dag leven in angst, het kan niet, ja, het kan wel, maar dan leef je niet. Dus moeten we doen alsof, ja, ga maar naar buiten, de fiets op, de auto in, geen zorgen, beetje uitkijken, ja, kan wel, verre reizen, vliegtuigen, boten, ja, kan wel, lange, steile trap, treinovergang, bergtop, zwemmen in koud beekje, ja, kan wel, leven, is niet gevaarlijk, niet zo gevaarlijk, en niet, denk ik, omdat we het niet willen weten, van de dood en zo, maar om het, net als in 'De tuinman en de dood'* uit te stellen, allemaal rennen naar Isfahaan, afstel hoeven we niet, we zijn niet achterlijk, maar uitstel, het eeuwige 'nog even'. Moet gelijk denken aan *Jiskefet*, misschien al eens verteld, zit Michiel Romeyn, geloof ik, kakkend op de wc, zwaait de deur open: De Dood. 'Moet dat nú,' kreunt Romeyn, 'het komt me nu heeeel slecht uit.' Ja, dat heb ik vast al verteld, zo verschrikkelijk om gelachen toen, nu weer. Het is trouwens prachtig buiten, alles is een daverend groen, vol, voluptueus, weelderig.

Liefs,
Manon

* Verhalende beschouwing van Herman Franke, gepubliceerd in *De tuinman en de dood van Diana*, Podium, 1999.

*Amsterdam, 16 juni 2010*

Lieve Manon,

Als het zo is dat de brieven die je me de afgelopen maanden hebt geschreven hun vorm en inhoud hebben gekregen doordat/omdat je ze aan mij schreef, dan beschouw ik ze als een groot compliment, want mooi zijn ze en prachtig stuurloos borend... en als het zo is dat die brieven jou ook nog eens weer aan het 'echte' schrijven hebben gekregen dan moet ik bijna blozen, van zo groot als het compliment dan is. Een epistolair weerwoord (ik bedoel aanhaken, op verdergaan) zit er jammer genoeg niet in, lieve Manon, de belangrijkste pijn wordt gelukkig al een hele tijd bedwongen door de morfine, maar ik heb nu al pakweg twee weken last van een gevoelloze lip (alsof ik terugkom van de tandarts die me verdoofd heeft), pijnlijke benen (omdat ik ze haast niet meer gebruik, krimpen de spieren, verdwijnt het vet dat de zenuwen bedekt als een dekentje, worden de benen erg mager, is alleen rechtop staan al een enorme inspanning: degeneratie is de term die medici hiervoor gebruiken), alsof er duizenden vuvuzela-bijen in tekeergaan, en van een bijna permanent gevoel van misselijkheid, zo nu en dan geconcretiseerd in heftig overgeven, overal hier in huis vind je nu van die kartonnen kotsbakjes... en deze drietrapsellende maakt het schrijven vrijwel onmogelijk, dus het is enkel en alleen om *Traag licht* te schaven en aan te vullen dat ik me achter de pc zet, met uitzonderingen voor e-mail die geen uitstel meer duldt, zoals jouw e-mail... tja lieve Manon, en toch kan ik van die paar uurtjes werken nog steeds genieten, het schrijvend denken + de motoriek van het typen, ik kan er niet zonder, ze vormen mijn wezen. Wilders (zoals de man nu kwijlt van regeerlust en bereid is zijn nationaal-socialistische, ja, dat is het Bebek!, gedachtengoed te verkwanselen), Van der Sloot, je gelooft het niet... als je me maar blijft schrijven, Manon, dat wil ik vooral kwijt, met liefs, veel liefs van

Herman

*Lipnice nad Sazavou, Tsjechië, 25 juli 2010*

Lieve Herman,

In Tsjechië na een rit van twaalf uur, een prachtige warme dag, een mooie autorit. Vanuit hier vertrekken we over twee, drie dagen naar Slowakije. Het plan is om vandaag naar Kutná Hora te gaan, naar The Bone Church, die ik jaren geleden al eens met Bebek en Iris en Merel* heb bezocht. In Holle Bilt vangt Bebek op dit moment Peter op. Ik lees in John Ruskin over ijzer en arbeid**: 'For, to take one instance only, remember this is literally and simply what we do, whenever we buy, or try to buy, cheap goods – goods offered at a price which we know cannot be remunerative for the labour involved in them. Whenever we buy such goods, remember we are stealing somebody's labour. Don't let us mince the matter. I say, in plain Saxon, STEALING – taking from him the proper reward of his work, and putting it into our own pocket. You know well enough that the thing could not have been offered to you at that price, unless distress of some kind had forced the producer to part with it.'*** Niet alleen

* Dochter van de zus van Manon Uphoff.

** John Ruskin, *The Work of Iron in Nature, Art, and Policy* – Lezing gehouden in Tunbridge Wells, 16 februari 1858.

*** 'Want, om een voorbeeld te noemen, vergeet niet dat dit letterlijk en domweg is wat we doen elke keer dat we goedkope goederen fantastisch geschreven, maar zo vers; hetzelfde verhaal zou nu door een goede econoom of filosoof in een Nova College Tour gehouden kunnen worden.

Ik ben hier in het gezelschap van mijn drie neefjes, opklimmend in leeftijd, Micha, Menno, Damian, mijn broer, zus, hun partners. Broer geeft les over oxygen aan Menno, ik heb met Micha in het zwembad gespeeld en hem in zijn rubberen band tegen de wanden laten botsen – we hangen wat ter voorbereiding van ons bezoek aan de bottenkerk, ik zit in mijn hoofd met verhalen, eergisteren godzijdank een lange dag geschreven, de ene na de andere pagina, het vloeide en stroomde, niet stoppen dacht ik, het moeizame komt misschien weer, geniet hier even van. Volgde een fijne avond met Bebek. Broer kwam langs, met laptop, foto's van Paaseiland, verhalen. We zaten lang buiten.

In de bottenkerk bevinden zich de resten van zo'n 40.000 mensen, velen omgekomen tijdens de pest-

kopen, of proberen te kopen – goederen die worden aangeboden voor een prijs waarvan we weten dat die niet hoog genoeg is om de arbeid die ervoor verricht werd te bekostigen. Vergeet niet dat we elke keer dat we zulke goederen kopen, iemands arbeid stelen. Laat we er geen doekjes om winden. Ik noem het onomwonden STELEN – de passende beloning voor zijn werk van hem afnemen en die in onze eigen zak steken. We weten heel goed dat het ding voor die prijs niet had kunnen worden aangeboden, tenzij de producent door een of andere tegenslag gedwongen was om het weg te doen.

epidemie. Schedels, dijbenen, ellepijpen, sommige skeletten of skeletdelen glanzen wasachtig. Moest denken aan de onderschatte film *Interview with the Vampire*, daarin dringen de vampiers (gespeeld door Brad Pitt en Tom Cruise) na een pestepidemie een woning binnen en vinden een jong meisje tussen de lichamen van de doden, haar eigen moeder, ze nemen haar mee, voor ze het beseft is ze tot vampier gekust, gebeten, en vanaf dat moment is ze het eeuwige kind, nooit zal ze volwassen worden, een vrouw, een minnares, een moeder, ze slepen haar mee als een kleine pop, en ze lijdt.

Na The Bone Church een kathedraal waarvan ik de naam al niet meer weet, staat op de Werelderfgoedlijst, bijzondere eraan was de sereniteit, een van de kalmste kerken die ik ooit gezien heb, een gebouw als een orgel, alle lijnen omhoog, zachte gele tinten, helder licht en nergens overdaad, alleen klare lijnen.

Na een dag van gemiddeld 38 graden lig ik nu in bed naast dat van mijn kleine neefje Micha, hij is zojuist uit zijn bed gedonderd, een harde bonk, schrik, een korte huilbui, terug in bed, het is half vijf, het onweert en regent, ik ben al een uur wakker en heb nu onder de *brodski pod* (grenen aftimmering) een moment van privacy en wat tijd je te schrijven. Ik zou je meer kunnen en misschien ook wel willen vertellen over de mensen om mij heen, maar ik weet dat je de tijd niet hebt om ze toe te laten, mijn zus is na tien jaar te zijn gestopt met roken weer begonnen, al maanden, en gisteren viel het voor het eerst op hoe verschrikkelijk veel ze rookt, en hoe nerveus ze dus moet zijn – ik vond het mooi om te zien hoe die schedels zeggen 'wij hebben bestaan', ze waren niet eng, niet griezelig, eerder vriendelijk.

o

De regen heeft het buiten heerlijk afgekoeld, het Tsjechische landschap is mooi, weelderig en rijp, maar nergens ruig – ...

o

Doorgereisd naar Slowakije, door een onverwacht rijk en rijp, ongelooflijk wijd en weids landschap, hoogvlakte, de uitlopers van de Karpaten, de laatste 100 kilometers over een nagenoeg lege tweebaansweg, zonder borden, aanwijzingen, alleen die weg en een zoevende wagen. Uitgekomen bij een gat waar we een kasteel hebben, ik bevind me in mijn eigen vleugel, het hele kasteel is van jou voor 350.000 euro. Mooiste zijn de zalen van badkamers met een verrukkelijk licht. Ook de vloeren kraken verrukkelijk, de tuin is diep, met mooie oude bomen, de neefjes zitten elkaar tussen de fruitbomen achterna, de honden blaffen naar elke mot, vlinder, sluipende kat, overal klinken hondengeluiden, ik heb een eigen zitkamer, slaapkamer, keuken, badzaal, de deuren zijn drie meter hoog en van donker gelakt hout, morgen om 9.00 uur wekt de kokkin, Julia, ons met een ontbijt, en 's avonds verzorgt ze de maaltijd. Toen we aankwamen renden we als kinderen de kasteelzalen door, jubelend, juichend. Bebek is jarig, het is zo jammer dat hij niet hier is, maar toen ik hem belde was hij even alleen. In de auto met mijn broer (zijn vrouw bestuurt de andere auto, met zoon en honden) lange tijd over die fase voor 'de oerknal' gesproken, toen er alleen energie was en geen massa, een soort energie die wij niet kennen en nooit kunnen benaderen, want daarvoor zou het hele universum, alles wat is moeten worden opgestookt tot een hitte van iets met 48 nullen, over de zoektocht naar het zwaartekrachtdeeltje, gelachen, maar is niet meer na te vertellen, had te maken met zinloos gekanker op universum. 'Als ik kwaad word, is het eigenlijk altijd op dingen en instanties,' zei Iris laatst, misschien heb ik je dit al geschreven, heb ik ook, zinloze domme woede op zielloze zaken.

Maar vandaag even geen woede, zinvol of zinloos, alleen tevredenheid. Waarom, omdat het hier mooi is.

Die velden, die rijpe velden. 180 graden en alleen een weg met ons erop.

Lieve Herman, *laco noc* (zachte nacht) van mij, en ook van Bebek.

o

Zojuist heeft de Slowaakse Julia het ontbijt geserveerd. Gisteren, met cointreau (door Bebek gemaakt) in kleine glaasjes in de hand, hadden we het er even over of je nu wel of niet aan deze luxe zou kunnen wennen. Ik zei dat ik blij was niet in koloniale tijden te leven, als alles en iedereen om je heen het als doodgewoon beschouwt, 'ik zou er níét aan kunnen wennen,' zei mijn zus.

'Mam, gaan we nou ontbijten, ik wil ontbijten,' zei haar zoontje een uur geleden, we zaten in de keuken in hun kasteeldeel. 'Nou, dat kan niet, want Julia is er nog niet,' zei ze met stalen gezicht. Gelachen. Julia is er nog niet en moeder gaat nu winkelen. Nee, wennen is niet moeilijk, wennen is makkelijk. Een keer is uniek, twee keer is vergelijken, drie keer is een gewoonte.

Het regent dat het giet overigens, gelijkmatige, dichte rechte regen, ik heb me even in mijn vleugel teruggetrokken –

Herman, ik ga genieten, wat lezen, de regen is ook al prettig, merkwaardig dat ik dan in het denken van een personage zit dat de regen juist niet verdraagt, ik liep vanmorgen met een plastic zakje bij wijze van regenkapje naar het appartement van mijn zus, en alles was groen, glanzend, vochtig, 'I am singing in the rain, what a glorious feeling, I am happy again...', in de overdekte buitenkeuken kwam Julia met haar schalen met eten, tomaten uit eigen tuin, paprika, *aywar**, Micha rende

* Mengsel van paprika en pepers.

bloot door de kamer, plukkend aan zijn piemeltje (recente gewoonte), mijn zus en haar vrouw kwamen met handdoeken op het hoofd uit hun badkamer (die even groot is als hun huiskamer in Vreeswijk), waren met hele gezin in bad geweest.

Een paar uur later rennen ze luid brullend om het huis, ze doen tikkertje of verstoppertje. Om de haverklap stormt hier iemand naar binnen om te vragen of ik x, of y, of z heb gezien, mee heb helpen verstoppen, 'Nee, er is hier niemand, ik ben alleen.' 'Echt waar?' 'Echt waar' en dan stuiven ze weer naar buiten. De regen is gestopt, vogels fluiten, mijn broer zit een beetje eenzaam te lezen onder het afdakje, ik denk dat ik een kop koffie met hem ga drinken, deze hele brief heeft geen onderwerp, geen thema – het zijn de prettige losse randjes van deze dag en de vorige dagen, tussendoor schrijf ik, en de irritatie, de wrevel neemt af.

Het is fris, zelfs koud in Nederland, zei Bebek, ik hoop dat met deze brief wat van de weelderige frisheid van een niet koud, doordrenkt, opgefrist Slowakije naar je toe komt, buiten huilt een van de neefjes, zo eindigt elk spel, als het te lang gespeeld wordt, zou mijn moeder zeggen, misschien omdat het zonder huilen niet te stoppen is.

Veel liefs Herman, binnenkort meer.

*Gemerská Panica, Slowakije, 31 juli 2010*

Lieve Herman,

Een heel brakke nacht vanwege één enkele kleine vlieg, die steeds als ik met mijn lenzen uit onder de lakens schoof, op mijn gezicht landde, lip, oog, wang. Ik weer overeind, lenzen in, achter vlieg aan in reusachtige kamer, dat heeft uren geduurd, steeds opnieuw lenzen in, lenzen uit, doodmoe, uiteindelijk op de slaapbank in de 'huiskamer' van mijn kasteelvleugel in slaap gevallen, vanmorgen zag ik de vlieg lopen, traag, loom, over de vloer, opnieuw erachteraan, nu is het een hele dag verder en ik heb hem eindelijk vermoord, in de badkamer, met een handdoek, moest vier keer slaan, bleef bewegen, het was een kleine sterke vlieg die me gek maakte.

Iris is terug van haar vakantie in Nederland, ik mis haar erg, nodigde haar uit hierheen te komen, maar eigenlijk is deze plek voor haar niet leuk, straks nog een week in Nederland, dan gaat ze naar Helsinki, ze heeft de zenuwen, ik ook. Langer dan twee weken elkaar niet zien vind ik moeilijk, vind ik al lang, gaat wel, maar dan komt de angst, de zorg, alsof ze piepklein is, hulpeloos. Dan moet ik weer de bevestiging, het fysiek, de geur, gestalte, o ja, dat is een jonge vrouw, en dan kan ik het weer. Ik had dat niet van mezelf gedacht, zoveel zorg.

Het dorp waar we verblijven, Gemerská Panica, heeft

niets, behalve honden. Ze zitten gelukkig achter hekken, maar blaffen wel naar alles wat voorbij komt. Het kasteel is vervallen, maar fraai, en het enige sieraad in de omgeving, als het gaat om bouwwerken. De natuur is prachtig, dat had ik al geschreven, velden, heuvels, beken, meren, bomen – en dat alles ruim opgezet, niets is petieterig. De taal doet erg aan het Bosnisch/Kroatisch denken, dus ik kan me aardig redden. Het weer is niet al te best, maar ook niet al te bar. Een uur geleden konden we in het bikerscafé (hier zitten de lokale alcoholisten, kun je poolen en internetten, en drinken, natuurlijk) lezen dat Wilders, Verhagen en Rutte 'in gesprek gaan'. Wordt het dan het verwachte kabinet, dat wat ik een maand of wat geleden voorzag?

Peter is inmiddels weg uit de datsja, het lijkt erop dat Suzana ergens anders logeert, in het huis van een vriendin die op vakantie is. Onze levens lijken niet op soaps, het zijn soaps. Maar ik kom hier heerlijk aan schrijven toe, voer allerlei handgeschreven stukken in, er is niet te veel afleiding.

Mijn broer kookt.

De kinderen rennen elkaar achterna, ik leer om te gaan met honden (de vrouw van mijn broer heeft er twee, Sissy en Joe. Sissy een Griekse bedelhond, Joe kan ik niet thuisbrengen maar is ras), mijn zusje heeft een onduidelijke kleine harige hond bij zich, Pépé. Veel zwart haar. De vorige, zelfde model, wit haar, is doodgebeten.

Ik resideer in mijn linkervleugel en zak weg in de

verhalen. Er meer over zeggen dan wat ik je al gezegd heb, heeft even geen zin, fijner is het om de draad te volgen.

Alles gebeurt en alles staat stil. Niemand praat met niemand, we houden onszelf allemaal rustig en praten over koetjes en kalfjes. Ik vreesde de spanning, maar er is eigenlijk geen spanning, er is rust tussen mijn zus en haar vrouw, ze vinden elkaar. Wat betreft mijn broer en zijn vrouw, ook dat verloopt rustig. En op Holle Bilt heeft Peter nergens over gesproken. Ik denk ook niet aan jouw ziekte, het verzwakken, wat gaat komen, eigenlijk alleen aan jou als aan Herman. De rest gaat naar de taal, de verhalen.

○

Vandaag een echt toeristending gedaan, met z'n allen naar een ijsgrot in Dobšinska, een klim van 25 minuten door de regen omhoog (het is koud, bewolkt, nat, 16 graden), daar 40 minuten wachten voor we binnen waren en in een stief kwartiertje door die grot waren gejast. Het was er binnen min 1, en de kinderen droegen teenslippers en dunne tennisschoenen, hadden het koud, Micha moest huilen en mocht zijn voeten opwarmen tegen de buik van mijn zus. De grot glansde van het ijs, een Slowaakse hield een lang verhaal in het Slowaaks, verstonden we niet, geen Engels of Duits, mogen we dan vast doorlopen, vroegen we, want bij elke stop een verhaal van een kwartier en koude voeten... mocht, maar daar liep een volgende gids die ons opjoeg, snel, sneller, snelst, buiten adem weer het daglicht in en dat was de ijsgrot en na een kop koffie en soep (dunne bouillon met niets erin) en onaantrekkelijk eten weer een lange rit terug. Het interessantste was eigenlijk het gesprek met mijn neefje in de auto, over wetenschap en geloof, hij is een kind van de wetenschap. 'Ik vind het prima als mensen in Jezus geloven,' zei hij, 'maar persoonlijk geloof ik meer in atomen.'

○

In het lokale bikerscafé geïnternet, we zaten er als junks met onze shot www. Ik moest van alles en nog wat regelen voor Tokyo. Het vervelende van internet is wel dat je meteen weer in oeverloos geouwehoer terechtkomt, het is prettig om alleen met je eigen gedachten en een reeks goede boeken van die loze praatjes verstoken te zijn, er zelf ook niets aan toe te voegen. Doe ik wel, overigens, want ik vind het ook leuk, het is toch contact, denk ik dan, en meteen schiet me een scène te binnen uit onze laatste BBC-serie over de planeten, hoe met de Voyager (ik denk dat het de Voyager was) ook allerlei informatie over ons 'aardbewoners' mee afgeschoten werd; filmpjes, foto's, teksten, zo schattig, zo menselijk.

Het grote boek over het heelal (van iemand die beter schrijft dan Stephen Hawking, duidelijker is in zijn uitleg, en beschaafder in de wiskunde) ligt in een draadstalen mandje op het fornuis op stand 1, is vandaag verregend bij het terras. 500 pagina's kostbare kosmologische informatie wordt verwarmd en opgewarmd in de luxe kasteelsuite van mijn broer. Vandaag werden we opnieuw verzorgd door Julia, met zelfgemaakte soep (soep van de *aaaaavond*, soep van de dag) en stoofvlees met pasta. Julia spreekt geen Engels, en wij geen Slowaaks (ik kom een eindje met Kroatisch, maar op cruciale momenten verschillen de woorden ineens weer) en praat over zichzelf in de derde persoon: Toedee Julia... dan wijst ze op zichzelf en naar de dingen die ze bedoelt, wat in de soep zit, veel handgebaren, wanneer ze weer zal koken, nog meer handgebaren en wijzen, het is of je kijkt, luistert naar het ontstaan van een nieuwe taal, vol nieuwe afspraken. Diepgaande wetenschappelijke inzichten, dat lukt nog even niet, maar een soepje kunnen we delen.

We zijn allemaal dol op Julia aan het worden, ze voedt ons.

Lieve Herman, ik ga slapen, jij slaapt waarschijnlijk al, veel groeten uit de linkervleugel van kasteel Sz... nog wat, in Gemerská Panica, pijnloze tijd, goede tijd. In het boek dat wordt verwarmd tot het weer leesbaar is, wordt gesproken over zo'n tien dimensies. In een van die extra dimensies leef jij, ongeschonden en tijdloos, de vriend die ik bezoeken kan, in een kamer die lijkt op de kamer waar je bent, met donkerhouten meubels, de woorden vallen er elke dag opnieuw tot boeken.

○

De regen valt met groot enthousiasme uit de Slowaakse hemel, het dwingt tot lezen, en dat is fijn, geen afleiding, ik lees afwisselend in Ruskins *On Art and Life* en *The Lamp of Memory* en *The Elements of Drawing* (met een schitterende passage over rivieren en bruggen: 'All rivers, small or large, agree in one character, they like to lean a little on one side', hij (Ruskin) gaat dan verder over het soort (passende) bruggen die daarover gebouwd worden, en zo'n brug, geschetst door Turner).

Een paar dagen geleden waren we in een kleine kerk, typisch Boheems, vanbinnen helemaal beschilderd, en daar zat een vrouw te huilen in een van de donkere banken. Intens, niet ingehouden, hartverscheurend.

○

Broodjes gehaald met de vrouw van mijn broer. Ze zegt dat ze een beslissing genomen heeft, maar durft niet te handelen naar die beslissing. Niemand sliep vannacht – alleen ik. Mijn zus en haar vrouw lagen wakker, mijn broer en zijn vrouw... er hebben eenzame nachtelijke wandelingen plaatsgevonden. Ik heb niets gemerkt, sliep de slaap van rozen.

Het kasteel lekt, in mijn badkamer staat een emmer die de druppels opvangt, in de slaapkamer van mijn zus heeft het plafond grote grillige vlekken. Door de luidspreker kwam vanmorgen snoeihard een soort gesproken folder, een rijdende winkel en het daarin aanwezige aanbod, we dronken koffie in de keuken en dat geluid knalde het kasteel door, dacht aan de film met Mastroianni en Loren, kan even niet op de titel komen, die film waarin zij, huisvrouw, en hij, homo, elkaar vinden, in het Italië van Mussolini.

Ook de tuin van het verblijf van Livia en Augustus, zoals opgezet in *I, Claudius*, dringt zich in mijn geheugen, hoe iedereen elkaar daar trof, alle konkelingen en kronkelingen, de glansrol van Livia, de schitterende luidruchtige en levenslustige Augustus. Persiflage van dat soort mannen in series als *Blackadder* (captain Melchett, gespeeld door Stephen Fry) en *Storm* ('Is that a canoe in my pants or am I just happy to see you!?' gespeeld door Rik Mayall), vulgair, energiek, van levenslust doortrokken.

Ik kijk naar mijn broer, hij treurt, en ik kan hem niet helpen, hij zegt nog niets, geeft geen toestemming hem aan te spreken, een schouder of arm aan te bieden.

Op het andere bed (eenpersoons) ligt een boek van Jeanette Winterson, *Art & Lies*. Vanmorgen bij Ruskin ook voor het eerst van mijn leven iets zinnigs gelezen over de nieuwsgierigheid, de tweeledigheid ervan. Het zijn trouwens prachtige donderpreken. Ik hou daarvan. Ze schudden je door elkaar – maken dat je vibreert.

Het kan zijn dat we vandaag, alles verzwijgend, een kasteel bezoeken.

○

Het kasteel is bezocht (een burcht der Bebeks!) en niet alles is verzwegen, vannacht met mijn broer glaasje cointreau gedronken (het laatste glaasje uit de fles) en gepraat. In een boekenzaak in een stad waarvan ik de naam ben vergeten een boek gekocht, *The Passion*, ook van Winterson, ik kende het al, maar het was fijn om het ergens anders in het Engels, haar eigen taal, te kopen. Kerk bezocht, eigenlijk een kathedraal, gotisch, somber, mooi.

○

Lieve Herman, dit gaat dan het voorlopige staartje aan deze brief worden, zodat je weer wat te ontvangen hebt, ik zit tussen de alcoholisten en bikers in het bikerscafé, waar de internetbasis is voor deze periode, een stuk of twaalf zwaar rokende en drinkende mannen, ik ertussen in een zomerjurkje, met een minilaptop en een Pepsi Max. Goed geschreven vanmorgen en gisteren ook (voor een deel). In het Andrássy kasteel bevond zich een formidabele bibliotheek, wanden van boeken, meer dan 15.000 exx in Latijn, Duits, Grieks, Engels, wetenschappelijk en literair werk, in die ruimte van boeken een lange tafel en een paar diepe leunstoelen – de hartstocht voor het fysieke boek vertaalt zich bij mij nog niet naar passie voor de e-reader, maar dat komt misschien nog, ik ben tot nu toe altijd overstag gegaan, alleen: ik hou zo van de omslagen, de geur, het blijvende, beschadigbare van een boek.

De pijn tussen de mensen hier gaat door, maar er zijn ook mooie momenten. Vanmorgen hebben we padden gevangen, ze waren klein, ribbelig en sprongen in grote aantallen door het natte en hoge gras.

Herman, veel liefs, Manon

*Amsterdam, 2 augustus 2010*

Lieve Manon,

Wat zal ik ervan zeggen, je legt een warme deken van brieven over me die ik zo nu en dan dankbaar over me heentrek als het me allemaal te veel wordt... het lukt me niet je goed terug te schrijven, maar je hebt me beloofd me dat niet kwalijk te nemen, momenteel ben ik erg slap en slaperig vanwege bloedarmoede. A.s. vrijdag krijg ik weer nieuw bloed en daar knap ik hopelijk erg van op, zodat ik je terug kan schrijven... voor nu moet je weten dat ik je brieven als een grote steun beschouw en via jouw brieven ook voel dat Bebek met me meeleeft, en Carla voelt dat ook zo... nou, lieve Manon, welterusten en veel liefs,

Herman

*Herman Franke overleed op 14 augustus 2010.*
*Zijn roman* Traag licht *verscheen postuum.*

*Noot van de uitgever*

Deze uitgave bevat de briefwisseling die Manon Uphoff en Herman Franke tussen september 2009 en augustus 2010 per e-mail met elkaar voerden, met uitzondering van een tiental verzonden brieven/briefdelen (en twee nietverzonden brieven) van Manon Uphoff die minder nauw verbonden zijn met de centrale thema's en motieven in de correspondentie. Ook enkele kortere brieven van huishoudelijke en medische aard zijn niet opgenomen. De oorspronkelijke tekst is ongewijzigd gebleven, er is alleen op spelling gecorrigeerd. De vertaling van de geciteerde passages is verzorgd door Martine Vosmaer, de voetnoten zijn door de uitgever toegevoegd.